LES LAÏCS DANS L'EGLISE CATHOLIQUE DE LA R.D. CONGO

Avec la permission des Supérieurs
Valentin DJAWU LUNGUMBU, fms
Provincial de la Province d'Afrique Centre-Est
Naïrobi, le 25/03/2014

Photo sur la couverture : Des fidèles laïcs congolais au cours d'une célébration eucharistique
Dépôt légal 2014
Bibliothèque et Archives nationales du Québec
©Editions de l'Erablière, 2014
5-2130 Rue Galt Crescent
Montréal, Québec, Canada
H4E1H6
7-450 51e rue Ouest Charlesbourg
Québec, Québec, Canada
G1H5C5
www.editions-lerabliere.com
Tous droits réservés
ISBN 978-2-9813004-2-3

Collection Religions et Sociétés

-1-

LES LAÏCS DANS L'EGLISE CATHOLIQUE DE LA R.D. CONGO

REFLEXION AUTOUR DU STATUT JURIDIQUE DU CONSEIL DE L'APOSTOLAT DES LAÏCS

MASUMBUKO Mununguri, fms

Editions de l'Erablière

Du même auteur :

- *The Closeness of the God of Our Ancestors: An African Approach to the Incarnation*, Naïrobi, Paulines Publications Africa, 1998.
- *Pouvoir et espoirs en Afrique. 50 ans d'indépendance, et après ?*, Paris, Editions L'Harmattan, 2012.
- *Ils m'ont violée. Une femme au Kivu*, Québec, Editions Imhotep, 2013.
- *The Laity in the Catholic Church of the D.R. of the Congo. Insights on the Juridical Status of the Council of the Apostolate of the Laity*, Québec, Editions Imhotep, 2014.

L'essentiel du contenu de cette publication a été présenté à St Augustine College of South Africa (Johannesbourg), en accomplissement des conditions requises pour l'obtention du **Master en Théologie (Spécialisation en Droit Canonique)**, en mai 2013. Titre original en anglais: *The Juridical Status of the Council of the Apostolate of the Catholic Laity of the Congo according to the 1983 Code. Association of the Laity or Institutional Body?*

A la mémoire du Bienheureux Isidore Bakanja, Patron des Laïcs de la R.D. du Congo,

En mémoire du Frère Aidan Bridge, Frère Mariste de la Communauté de Johannesbourg, en République Sud-Africaine,

En souvenir mémorable du Frère Honoré Dhesa Dhego, fms/R.D. du Congo.

En guise de remerciements et de gratitude :

- A notre Congrégation, les Frères Maristes des Ecoles (FMS),
- A tout le staff de Saint Augustine College of South Africa, à Johannesbourg, plus particulièrement Dr Mgr Marc de Mûelenaere (qui a dirigé nos recherches), Dr Sœur Judith Coyle (pour la pertinence de ses observations) and Mme Chrissie Thorn (Assistante de l'Appariteur chargé du Troisième Cycle),
- Au Professeur Jules José DOBO KUMA qui a gentiment accepté de préfacer cet ouvrage,
- A tous nos frères et sœurs qui n'ont jamais cessé de nous soutenir et de tolérer nos multiples imperfections,
- A tout celui, clerc ou laïc, qui participe activement à la mission de l'Eglise en République Démocratique du Congo.

TABLE DES MATIERES

TABLE DES MATIERES 9
ABRÉVIATIONS 13
PREFACE 15
INTRODUCTION GENERALE 19
CHAPITRE PREMIER : LES ASSOCIATIONS DE FIDELES DANS LE DROIT DE L'EGLISE 27
    Introduction 27
    1. Les associations de fidèles avant le Code de 1917 29
        1. L'intervention de la hiérarchie 29
        2. Les activités des associations de fidèles 41
        3. Les associations de fidèles dans le Code de 1917 (cc 684-725) 51
        4. Les aspects juridiques 52
        5. La mission des associations 58
        6. L'Action Catholique 60
    2. Vers le Concile Vatican II 65
    3. Les associations de fidèles dans le Code de 1983 (cc 298-329) 68
        1. Le background conciliaire 70
        2. Les droits des fidèles en général (cc 208-231) 80
    Conclusion 81

CHAPITRE DEUXIEME : LE DROIT D'ASSOCIATION ET LES ASSOCIATIONS DE LAICS DANS LE CODE DE 1983 83

Introduction 83
1. Les droits de tous les fidèles (cc 208-223) 83
   1. Le baptême et la communion 84
   2. Le bien commun de l'Eglise 86
2. Les droits des fidèles laïcs (cc 224-231) 95
   1. Le droit d'association (c 215) 98
   2. Le droit de participer à l'apostolat de l'Eglise (c 225) 108
3. Les normes générales de toutes les associations de fidèles (cc 298-311) 114
4. Les associations de laïcs (cc 327-329) 118
   1. Le but d'une association de laïcs 118
   2. Les normes spécifiques des associations de laïcs (cc 327-329) 119
5. Les catégories d'associations de fidèles 123
   1. Les critères de classification des associations de fidèles 123
   2. Les associations de facto 126
   3. Les associations privées (cc 299 ; 321-326) 129
   4. Les associations publiques (cc 312-320) 133

CHAPITRE TROISIEME : LE STATUT JURIDIQUE DU CONSEIL DE L'APOSTOLAT DES LAICS CATHOLIQUES DU CONGO (cc 298-329) 141

Introduction 141

1. Un bref aperçu des associations de laïcs en RDC. 142
2. L'importance des statuts d'une association de laïcs .147
3. La présentation du CALCC 149
    1. Un bref historique 149
    2. Les statuts du CALCC et le Code de 1983 (cc 298-329) 156
4. Le statut juridique du CALCC (cc 312-320)...............168
    1. Une association publique de laïcs (c 301 § 3)........169
    2. Une confédération d'associations de laïcs et un organe institutionnel..173
Conclusion 179

CHAPITRE QUATRIEME : QUELQUES PROPOSITIONS POUR L'AVENIR DU CALCC 183
Introduction 183
1. Les conséquences du statut juridique du CALCC (c 320) 186
2. Quelques propositions pour l'amélioration des statuts 194
    1. Article 5..194
    2. Article 14 198
    3. Article 16 201
    4. Article 18 203
3. À propos du décret d'érection du CALCC..................205
4. Les relations avec les autres associations de laïcs.....206
5. A propos du nom CALCC...211
Conclusion 212
CONCLUSION GENERALE 219

GLOSSAIRE 226
BIBLIOGRAHIE GENERALE..245

ABRÉVIATIONS

AA	: *Apostolicam actuositatem*
AAS	: *Apostolicae Sedis*
CALCC	: Conseil de l'Apostolat des Laïcs Catholiques du Congo
CCCB	: *Canadian Catholic Conference of Bishops* (Conférence des Evêques Catholiques du Canada)
CEAL	: Commission Episcopale pour l'apostolat des laïcs
CENCO	: Conférence Episcopale Nationale du Congo
CEZ	: Conférence Episcopale du Zaïre
CFL	: *Christifideles laici*
CPL	: Conseil Pontifical pour les Laïcs (ou PCL : *Pontifical Council for the Laity*)
GS	: *Gaudium et spes*
LG	: *Lumen Gentium*
RDC	: République Démocratique du Congo

PREFACE

Les Laïcs dans l'Eglise Catholique de la R.D. du Congo. Réflexion autour du statut juridique du Conseil de l'Apostolat des Laïcs. Tel est le sujet, du reste très intéressant, du travail présenté à l'origine pour l'obtention du Master en Théologie (spécialisation en droit canonique) à St Augustine College of South Africa (Johannesbourg) par le Frère MASUMBUKO MUNUNGURI, au mois de mai 2013.

L'étude a porté sur quatre chapitres, consacrés respectivement aux associations des fidèles dans le droit de l'Eglise (avant et sous le Code de 1917) ; les associations des fidèles laïcs dans l'actuel Code de 1983 (nature, droits, normes et catégories) ; le statut juridique du CALCC (selon le droit canonique) et quelques propositions pour l'avenir du CALCC.

La particularité de cette ébauche demeure double : d'abord, l'auteur aborde de manière fouillée, mais aussi originale, l'historique des associations des fidèles par rapport au droit de l'Eglise, au cours de l'évolution qu'a connue le Peuple de Dieu.

Ensuite, l'auteur a abordé de manière objective et courageuse, la question, par rapport au droit, du statut de cette grande Association qu'est le CALCC, c'est-à-dire le Conseil pour l'Apostolat des Laïcs Catholiques du Congo.

En effet, la lecture de l'histoire des associations des fidèles dans le droit de l'Eglise nous apprend que cette réalité est, en fait, rattachée à la vie de l'Eglise, avant même la codification de 1917. L'auteur est allé plus loin, et il a abordé la question pendant la période avant le Concile de Trente. Simplement parce que, dit-il, les associations des fidèles sont, depuis toujours, une preuve du dynamisme dans l'Eglise. C'est donc une réalité au sein du Peuple de Dieu.

Pour mieux appréhender la nature du CALCC, et donc répondre à la question de son statut réel (*association des fidèles ou organe institutionnel*), le Frère MASUMBUKO a dû d'abord épiloguer sur les règles concernant les statuts des associations des fidèles, et il n'a pour cela, laissé aucun aspect échapper à l'étude.

Concernant la question centrale du travail, c'est-à-dire le statut juridique du CALCC au vu de l'analyse, le Frère MASUMBUKO arrive à la conclusion que le CALCC est « un organe institutionnel », « une structure de gouvernement » au travers de laquelle la Conférence Episcopale Nationale du Congo, CENCO, exerce son droit de vigilance sur toutes les autres associations et mouvements des laïcs.

Il s'agit, à notre humble avis, d'un point de vue courageux. Sans intention pour l'auteur de remettre en cause, ni de discuter sur la mission assignée au départ par l'Episcopat congolais à cette Association qu'est le CALCC, le Frère MASUMBUKO a tiré sa conclusion de l'analyse qu'il a faite objectivement sur base d'éléments en présence. Ce qu'il y a, et ce qui manque dans les statuts du CALCC. Un vrai travail d'analyste, mené avec le réflexe de juriste : la référence au texte.

Et, comme il faudrait s'y attendre, le Frère MASUMBUKO ne s'arrête pas au simple constat après analyse. En homme scientifique, il propose des améliorations pour les statuts du CALCC, et fait des suggestions à propos du décret d'érection, ainsi que sur les relations du CALCC avec les autres associations des laïcs. Cela, simplement, pour rencontrer la mission assignée par l'Episcopat à cette personne juridique publique dans l'Eglise.

L'intérêt de cette étude n'est pas à démontrer. Il faut dire que les recherches sur les associations des fidèles sont nombreuses. Mais, une étude sur un cas précis et connu nationalement, comme celui du CALCC, demeure tout de même rare. Comme qui dirait, ce travail vient attirer l'attention des canonistes, non seulement par rapport à une réalité qui existe, mais aussi pour les cas à venir, dans le même contexte.

Je remercie de tout cœur le Frère MASUMBUKO MUNUNGURI de m'avoir demandé de rédiger la préface de cette étude qu'il se propose de publier.

Après l'avoir ainsi lue et aussi après avoir tant appris, je recommande aux uns et aux autres de tirer profit de ce précieux ouvrage en faisant de celui-ci leur guide du meilleur usage dans le domaine des associations des fidèles.

Jules José DOBO KUMA,
Professeur à la Faculté de Droit Canonique
de l'Université Catholique du Congo (UCC),
Avocat au Barreau de Kinshasa-Gombe/RDC

INTRODUCTION GENERALE

Depuis la clôture du Concile Vatican II, l'importance des laïcs n'a cessé d'augmenter. Ces derniers, à la fois individuellement et collectivement, ont pris, de plus en plus au sérieux, leur rôle au sein de l'Eglise en réponse à leur vocation baptismale, c'est-à-dire aller dans le monde et faire des disciples de toutes les nations (Mt 28:19-20; c 225).

L'enseignement du Concile Vatican II a changé la façon dont l'Eglise est perçue. De l'image pyramidale, elle est devenue le « peuple de Dieu » (cc 204-746), organisée sur le modèle de la famille. Actuellement, on parle de l'Eglise-famille, dans laquelle chaque membre a un rôle spécifique à jouer selon son propre charisme et les besoins de la famille.

Conformément au très riche héritage de Vatican II, les laïcs ne sont plus des spectateurs passifs. Ce sont des acteurs dynamiques au service de la mission évangélisatrice de l'Eglise. Ils accomplissent cette mission à travers leur vie quotidienne, au sein de leurs familles, dans leurs milieux professionnels et par le biais de l'annonce directe de la Bonne Nouvelle de Jésus Christ.

L'une des décisions les plus importantes de l'Eglise, basée sur les enseignements de Vatican II, c'est la révision du Code de Droit Canonique de 1917. Le résultat de cette révision a été la promulgation de l'actuel Code, le 25 janvier 1983, par le Pape Jean-Paul II.

Le Livre II du Code de 1983 porte sur « le Peuple de Dieu » dans son ensemble : un corps organisé, appelé à proclamer l'Evangile de Jésus Christ. Il explique ce que l'Eglise entend par « fidèles du Christ », « fidèles laïcs », « associations de fidèles du Christ » et « associations de laïcs » ou « associations de fidèles laïcs ».

A la suite de ce qui vient d'être dit, tous les baptisés appartiennent à ce corps qu'est l'Eglise. En outre, tous les baptisés ont « le droit d'agir dans le monde individuellement ou en groupe ». Dans ce dernier cas, ils peuvent réaliser leur mission dans l'Eglise et dans le monde à travers ce que le Code de 1983 appelle « associations de fidèles » (cc 298-329). Certaines des associations de fidèles ne concernent que les laïcs (cc 327-329).

En principe, une « association de fidèles » est un instrument pastoral pour le bien de l'Eglise et de tous ses membres. Elle constitue également « un instrument d'évangélisation » du monde en profondeur. Un des principaux objectifs d'une association de fidèles est de remplir la mission de l'Eglise *ad intra* et *ad extra*. Ainsi, une association renferme deux aspects interdépendants : l'aspect juridique et l'aspect pastoral. Le présent travail traite de l'aspect juridique sans toutefois ignorer les implications pastorales.

Les associations de fidèles, en général, et celles de laïcs, en particulier, « sont des partenaires importants » dans le travail pastoral qui doit être fait dans les Eglises particulières et dans le monde. Il va sans dire que ces associations de fidèles appliquent, dans la vie de tous les jours, ce que l'Église institutionnelle enseigne, à la lumière du Concile Vatican II. Elles pourraient être appelées « services techniques » de l'Eglise entre les mains des laïcs comme cela apparaît à travers les diverses activités que les associations de laïcs organisent dans la société.

Ceci dit, il n'est pas exagéré de dire que le rôle des laïcs dans l'Église de la République Démocratique du Congo[1] croît très rapidement, tant sur le plan de la qualité et que de la quantité. Leur service inestimable rendu à l'Eglise est très fructueux. Il y a de plus en plus des laïcs engagés, en tant qu'individus ou au sein de groupes divers, dans différents secteurs pastoraux de l'Eglise.

---

[1] Ci-après, la *RDC*.

Le canon 225 § 1 du Code de 1983[2] stipule :

> Parce que comme tous les fidèles ils sont chargés par Dieu de l'*apostolat* en vertu du baptême et de la confirmation, les laïcs *sont tenus* par l'obligation générale et jouissent du droit, *individuellement* ou *groupés en associations*, de travailler à ce que *le message divin du salut soit connu* et *reçu par tous les hommes* et par toute la terre; cette obligation est encore plus pressante lorsque *ce n'est que par eux* que les hommes peuvent entendre l'Évangile et connaître le Christ.[3]

En conformité avec le canon 225, les laïcs congolais ont fondé, et fondent encore, diverses associations afin de participer activement à l'évangélisation de leur pays. Réalisant que les associations de laïcs étaient florissantes à l'échelle du pays, la Conférence Episcopale Nationale du Congo (CENCO) a réagi à cette situation par l'érection[4] du *Conseil de l'apostolat des laïcs catholiques du Zaïre*[5] en 1989. A la même occasion, la CENCO promulguant ses premiers Statuts.

Le CALCC a été créé comme « association publique des fidèles» (Statuts de 2006,[6] article 1 § 1[7]). En même temps, il est « une plate-forme autonome des associations et des mouvements des laïcs » (Statuts, article 1 § 1) qui a pour but de « favoriser la

---

[2] Les citations du Code de 1983, tout au long de ce travail, sont tirées du *Code de Droit canonique,* traduction officielle, accessible sur http://www.vatican.va/archive/FRA0037/_INDEX.HTM.
[3] C'est nous qui soulignons.
[4] A ce stade-ci du travail, on pourrait utiliser ce mot technique sans parler d'aucun décret d'érection officiel comme il va être mentionné plus loin dans le texte.
[5] Ci-après dénommé *CALCC*. Le Zaïre est devenu depuis lors la RDC et le CALCZ est devenu CALCC.
[6] Ci-après dénommés *Statuts.*
[7] Ci-après dénommé *article.*

charité ou la piété, de promouvoir l'humanisme chrétien, de soutenir les activités apostoliques […] » (article 3).

Ainsi, le CALCC est considéré par les Evêques congolais comme « une structure de service et de dialogue entre la CENCO et le laïcat dans le but déclaré de participer activement aux options de l'épiscopat relatives aux problèmes des laïcs catholiques du Congo » (article 4 § 1).

Plus tard, les Evêques furent surpris de constater que le CALCC ne fonctionnait pas comme prévu, ce qui les amena à réviser les Statuts de cette association de 1989 en 2006. C'est ainsi que dans le préambule des statuts révisés on peut lire :

> Le Conseil de l'apostolat des laïcs catholiques du Congo (CALCC) a *beaucoup de peine à prendre racine* dans certains diocèses. *Méconnu ici, inexistant là-bas ou pratiquement inopérant quand il existe*, le CALCC *n'a pas réussi à jouer le rôle de locomotive* qu'on attendait de lui. C'est pour y remédier que les statuts adoptés en 1989 et qui le régissaient jusqu'ici viennent d'être révisés. Cette révision veut *faciliter une implantation effective* et *un meilleur fonctionnement* du CALCC sur le terrain. Elle vise à *organiser le laïcat dans une structure moins complexe* où les membres, qui désormais sont les mouvements et associations ecclésiaux des laïcs, *témoignent de l'unité, la cohérence et la cohésion*.[8]

Le CALCC était donc censé devenir une véritable force motrice au service des laïcs pour leur formation continue, humaine, spirituelle et intellectuelle. Il aurait dû se constituer en un appui substantiel pour la vie et pour la mission de

---

[8] CONFÉRENCE EPISCOPALE NATIONALE DU CONGO (CENCO), *Statuts du Conseil de l'apostolat des laïcs catholiques du Congo (CALCC)*, Kinshasa, Editions du Secrétariat Général de la CENCO, 2006, 3-4. C'est nous qui soulignons.

l'Eglise. Malheureusement, il est souvent dit qu'il a échoué dans l'accomplissement de sa mission auprès des laïcs. En effet, les Evêques congolais n'avaient pas d'autre choix que de reconnaître cette triste réalité.

Afin d'améliorer l'esprit et la lettre des Statuts, toutes les associations et les mouvements ecclésiaux de la RDC, destinés à être des membres *ex officio* du CALCC, ont furent invités à proposer des amendements aux Statuts conçus pour être uniquement *ad experimentum.* Hélas, presque cinq ans plus tard, pas un seul membre n'a proposé le moindre amendement. Cette situation a retardé et retarde encore l'approbation définitive des Statuts.

La présente recherche va essayer d'appréhender la question du statut juridique du CALCC. C'est-à-dire que ce travail devrait permettre de résoudre le problème de l'ambivalence juridique du CALCC qui est actuellement considéré comme une association de laïcs et en même temps une plate-forme des associations de laïcs. Il pourrait même être considéré comme un organe institutionnel. Cette situation impacte négativement sur la façon dont le CALCC accomplit la mission lui confiée par l'autorité ecclésiastique compétente qui l'a érigé.

Corrélativement, ce travail devrait découvrir la cause de l'échec du CALCC et les raisons pour lesquelles cette association ne fonctionne pas avec satisfaction. Connaître le statut juridique du CALCC et l'origine de ses dysfonctionnements sur terrain devrait aider à le rendre plus efficace et plus utile aux laïcs catholiques de la RDC.

La mission ecclésiale et canonique assignée au CALCC par l'autorité ecclésiastique compétente est l'objectif de la présente recherche. Déterminer les origines et le statut juridique du CALCC devrait améliorer ses relations avec ses membres et donc contribuer à le rendre plus dynamique et plus déterminé à remplir son rôle, conformément à la loi et aux Statuts.

À partir du statut juridique du CALCC, on devrait être capable de déterminer s'il s'agit d'une association de laïcs ou d'une association fondée par la hiérarchie pour les laïcs, comme un de ses *organismes*. A partir de la loi de l'Église, du décret d'érection ainsi que des Statuts, il devrait être possible de dégager le besoin auquel le CALCC était supposé répondre et pourquoi il est resté une organisation *mort-née*. De même, il serait utile de découvrir les raisons pour lesquelles les associations et les mouvements ecclésiaux ne souhaitent pas s'engager dans le CALCC qui était juridiquement fondé pour eux par l'autorité compétente.

Une réponse provisoire à ces questions serait que le CALCC n'a pas été lancé à partir de la base, c'est-à-dire par les laïcs eux-mêmes. Il est possible que ces derniers ne voulaient pas donner leur appui total à sa mise en œuvre au niveau national, car étant perçu comme un *organe institutionnel imposé* d'en-haut plutôt qu'une véritable *association de laïcs* conçue à partir d'en bas pour répondre à leurs besoins spécifiques.

Les attentes des Evêques constituent une autre raison qui justifie le présent travail de recherche. Les Evêques congolais sont persuadés que si le CALCC fonctionne correctement, il peut favoriser la coopération et la synergie entre les associations et mouvements apostoliques des laïcs (article 3 § 2) et « assurer une courroie de transmission entre ces Associations et Mouvements d'Apostolat des Laïcs et leurs pasteurs » (article 3 § 3). Le CALCC, comme association publique avec un mandat épiscopal, devrait promouvoir l'unité, la cohérence et la cohésion entre ses membres, pour le bien commun de l'Église (c 223 § 1).

Par rapport à la méthode, ce travail de recherche sera mené par le biais de textes de base, notamment le Code de 1983, le décret d'érection et les Statuts. Les dispositions canoniques sur les associations de fidèles constitueront la pierre angulaire et la fondation de la réflexion sur le CALCC. La lecture de ces documents et les différentes observations faites par divers spécialistes, feront la lumière sur le statut juridique réel du CALCC et sa mission dans l'Eglise particulière de la RDC.

La méthode en question sera basée sur celle utilisée en Droit Canonique. Elle peut être résumée comme suit:

La première étape est *l'établissement des faits*. Les associations de laïcs sont un fait visible en RDC. Certaines d'entre elles sont publiques ; d'autres sont privées ou simplement reconnues. Un autre fait est que la Conférence Episcopale Nationale du Congo a créé le CALCC comme une *association publique* et comme « une plate-forme autonome des associations et des mouvements des laïcs » (article 1 § 1). Parmi les nombreux faits liés au CALCC, il est incontestable qu'il ne fonctionne pas comme stipulé dans les Statuts et selon les attentes des Evêques.

La deuxième étape correspond à la question: *Que dit la loi à propos de ces faits?* Concrètement, que dit le décret d'érection au sujet du statut juridique du CALCC et de sa mission dans l'Eglise ? Quelles sont les dispositions des Statuts qui pourraient permettre au CALCC d'agir efficacement conformément à la loi ? Que dit le Code de 1983 au sujet des laïcs et de leur mission dans l'Eglise ? Le CALCC peut-il, à partir de ce statut canonique, être appelé association de laïcs ? Les réponses à ces questions ne peuvent être trouvées que dans les textes juridiques qui seront recueillis et analysés.

La dernière étape est celle de l'*application de la loi aux faits*. Étant donné les faits et ce que dit la loi, quel est le statut juridique réel du CALCC et pourquoi est-il si inefficace? Le travail de recherche tentera de répondre à ces questions à partir des normes et des textes juridiques extraits de la loi de l'Église, du CALCC et d'autres sources.

Ce travail comprend quatre chapitres précédés d'une introduction générale. Il se termine par une conclusion finale. Le premier chapitre traite des associations de fidèles dans la loi de l'Eglise tandis que le deuxième se concentre sur le droit d'association et les associations de laïcs dans le Code de 1983. Le troisième chapitre examine le statut juridique du CALCC. Et enfin, le dernier chapitre donne quelques propositions pour l'avenir du CALCC afin de répondre aux attentes du législateur et de ses membres.

CHAPITRE PREMIER : LES ASSOCIATIONS DE FIDELES DANS LE DROIT DE L'EGLISE

INTRODUCTION

Sous ce chapitre, on va se pencher sur les associations[9] de fidèles telles qu'elles apparaissent dans la loi de l'Eglise, principalement dans les Codes de 1917 et de 1983. Un très bref aperçu de la situation telle qu'elle existait avant la promulgation du Code de 1917 devrait aider à comprendre les origines de certaines associations de fidèles opérant dans de nombreuses régions du monde au cours de cette période reculée.

« Depuis les premiers jours du christianisme, des membres de la communauté chrétienne ont créé des associations pour la poursuite de la mission de l'Eglise. »[10] Les objectifs des associations de fidèles ont toujours été connectés à la mission de l'Eglise. L'Abbé Antoine Matenkadi Finifini, prêtre de l'Archidiocèse de Kinshasa, exprime cette réalité comme suit :

---

[9] Pour la signification du mot *association,* voir le glossaire à la fin de ce travail.
[10] R.W. OLIVER, "Canonical Requisites for Establishing Associations of the Faithful", in *The Jurist* 61 (2001) 213. Voici le texte original: "Since the earliest days of Christianity, members of the Christian faithful have established associations for pursuing the mission of the Church."

> Les finalités des associations des fidèles sont : favoriser une vie plus parfaite, promouvoir le culte public ou la doctrine chrétienne, exercer d'autres activités d'apostolat, à savoir les activités d'évangélisation, des œuvres de piété ou de charité, et l'animation de l'ordre temporel par l'esprit chrétien ([c] 298).[11]

De nombreuses associations de fidèles ont été fondées depuis le Concile Vatican II. Certaines ont obtenu la personnalité juridique, d'autres ont été simplement reconnues et plusieurs autres encore ont été recommandées par l'autorité ecclésiastique compétente. Toutefois, beaucoup d'autres n'ont pas cherché à obtenir une approbation ou une reconnaissance officielle de l'autorité ecclésiastique.

Devant cette dernière situation, des tensions surgissent entre les fondateurs de certaines associations de fidèles et les autorités de l'Eglise. Les deux parties évoquent le Code de 1983 pour consolider leur position. Parfois, elles font appel au Saint-Siège pour la recherche des solutions, chacune étant convaincue d'avoir raison.

Mais la réalité est que le recours à des textes législatifs, en particulier le Code de 1983, devrait être suffisant pour régler la question. C'est pourquoi, le présent travail s'efforcera de rendre plus claires et plus utiles les sections du Code de 1983 concernant les associations des fidèles.

La structure de ce chapitre comprend les points suivants : les associations de fidèles avant le Code de

---

[11] A. MATENKADI FINIFINI, *Code de droit canonique. Présentation générale et actualité*, Kinshasa, Médiaspaul, 2002, 29.

1917, les associations de fidèles dans le Code de 1917 et les associations de fidèles dans le Code de 1983.

1. LES ASSOCIATIONS DE FIDELES AVANT LE CODE DE 1917

Le Code de 1917 est pris comme référence historique vu qu'il est le tout premier Code formalisé de Droit canonique de l'Eglise. Même si avant sa promulgation, les textes juridiques étaient rassemblés par de célèbres canonistes, il est la première codification d'un texte juridique pour l'Eglise universelle.

Il n'est pas aisé de donner un aperçu complet de la situation de l'ensemble des associations de fidèles pendant cette longue période de l'histoire de l'Église. Néanmoins, il sera fait mention de certaines associations, pas toujours les plus célèbres, comme témoins de l'existence de ce genre de regroupements dans l'Eglise.

Le système juridique au cours de cette période se trouve principalement dans certaines collections canoniques, décrets conciliaires et différentes décisions à tous les niveaux de l'Eglise.

1. L'intervention de la hiérarchie[12]

Il est clair que différents types d'associations de fidèles existait au cours de la période antérieure au Code de 1917. C'était un signe de dynamisme dans l'Église et

---

[12] Pour la signification du mot *hiérarchie*, voir le glossaire à la fin de ce travail.

qui témoignait de l'engagement de tous membres à tous ses niveaux. Ceci constituait un défi majeur pour les autorités de l'Eglise quant à la façon dont la vie et la mission de ces initiatives chrétiennes devraient être réglementées.

C'est pourquoi « afin de réglementer les associations et coordonner plus efficacement leurs œuvres apostoliques, plusieurs églises particulières exigeaient que le consentement de l'ordinaire fût obtenu avant d'ériger une association des fidèles. »[13] Ces initiatives locales comblaient le vide juridique ressenti par les ordinaires locaux dans le domaine des associations de fidèles.

Au cours de cette période, l'Église tentait de réglementer la discipline interne et raffermir son enseignement menacé par des hérésies et un vent fort de réforme. C'est ainsi que Robert W. Oliver, de St John's Seminary-Brighton, fait remarquer ce qui suit :

> Les premières instances de législation ecclésiastique concernant les associations n'établirent pas les conditions canoniques pour la création de nouvelles associations. Au contraire, elles se penchèrent sur les abus de comportement des associations existantes et les excès qui menaçaient la discipline ecclésiastique et l'ordre.[14]

---

[13] R.W. OLIVER, "Canonical Requisites," 216. Voici le texte original: "In order to regulate associations and to coordinate their apostolic works more effectively, several particular churches required that the consent of the ordinary be obtained prior to establishing an association of the faithful."

[14] R.W. OLIVER, "Canonical Requisites," 215. Voici le texte original: "The first instances of ecclesiastical legislation concerning

Il est généralement admis que jusqu'au Concile de Gangres[15], il n'y avait pas de normes ecclésiastiques au sujet des associations de fidèles dans l'Eglise.[16] Néanmoins, il y eut deux moments-clés au cours desquels l'Église promulgua des règles pour aider les églises particulières à entreprendre juridiquement la fondation de nouvelles associations : le Concile de Trente et son héritage concernant les associations de fidèles ainsi que la constitution apostolique *Quaecumque*.[17]

a) Avant le Concile de Trente[18]

---

associations did not establish canonical requisites for the establishment of new associations. Rather, they addressed excesses of behavior in existing associations and abuses that threatened ecclesiastical discipline and order."

[15] Le Concile de Gangres, en Asie Mineure, a eu lieu probablement en 355.

[16] Voir BURCHARD OF WORMS, *Decretorum libri XX* 19.124. Cité par R.W. OLIVER, "Canonical Requisites," 215: "According to the Decretists, the first reference to ecclesiastical authority intervening with regard to associations was at the Council of Gangres (355)". Gratien cite ce Concile en notant la légitimité des associations pour l'assistance des pauvres (D. 42c. 1). Voir aussi ANSELM OF LUCCA, *Collectio canonum* 5.76; YVES DE CHARTRES, *Decretum* 15.136; et la version espagnole de *Collectio tripartitum*, 2.4.11.

[17] *Quaecumque* est une constitution apostolique du Pape Clément VIII, publiée le 07.12.1604.

[18] P.M.J. STRAVINSKAS, *Our Sunday Visitor's Catholic Encyclopedia,* Revised Edition, on CD-ROM, Harmony Media, USA, 2002. Ci-après dénommé *Catholic Encyclopedia.* Selon le Révérend Peter M.J. Stravinskas : Le Concile de Trente est le dix-neuvième concile œcuménique de l'Église catholique. Il fut convoqué par le Pape Paul III, plusieurs fois entre 1537 et 1542. Des conditions politiques instables forcèrent aux retards jusqu'à ce qu'un petit corps d'évêques fût finalement en mesure de se retrouver à Trente, le 13

Au cours de la période antérieure au Concile de Trente, des églises particulières continuèrent à émettre des règlements relatifs aux associations de fidèles. C'était un besoin réel, compte tenu de la situation pastorale difficile que l'Église traversait. Beaucoup de regroupements de fidèles, représentant une grande diversité de cultes et de domaines d'apostolat, étaient florissants partout, en particulier en Europe. A ce sujet, le Concile de Montpellier fournit un bon exemple :

> Ces développements conduisirent aux premières réglementations canoniques pour fonder des associations dans l'Eglise. Le concile de Montpellier (1215) statua, par exemple, qu'une nécessité urgente et une utilité évidente' doivent être manifestées avant l'érection d'une nouvelle association. Il menaça également d'excommunication si une association était fondée sans l'autorisation préalable de l'évêque diocésain.[19]

---

décembre 1545. Marqué par des interruptions, le Concile connut jusqu'à vingt-cinq sessions dont la dernière se termina en décembre 1563. Ses décrets furent confirmés par le Pape Pie IV, le 26 janvier 1564, et requirent de nombreuses années pour leur application. Le Concile avait été convoqué pour faire face à la propagation de la Réforme Protestante et pour instaurer une série de réformes ecclésiastiques longtemps reconnues comme urgentes.

[19] R.W. OLIVER, "Canonical Requisites," 216. Voici le texte original: "These developments led to the first canonical regulations for establishing associations in the Church. The council of Montpellier (1215) ruled, for example, that an 'urgent necessity and evident utility' must be manifested prior to the [establishment] of a new association. It also threatened excommunication if an association was founded without prior authorization from the diocesan bishop." Le Concile de Montpellier eut lieu en 1215.

La menace d'excommunication de quiconque fonderait une association sans l'autorisation de l'évêque diocésain indique clairement que les associations étaient une réalité pastorale, qu'elles existaient en grand nombre, et que l'Église faisait face à de sérieuses difficultés dans ce domaine. L'ordre et la discipline étaient réellement un besoin.

Outre ce phénomène, « peu après [le Concile de Montpellier], le Pape Grégoire IX décréta qu'aucune association ne soit fondée dans la ville de Rome sans la permission expresse du Siège Apostolique. »[20] Avant le Concile de Trente, le besoin de mettre en place des règles concernant les associations de fidèles croissait très rapidement : des règles locales dispersées n'ont pu mettre fin à la « prolifération » des associations. Comme Oliver le fait remarquer :

> Au cours du siècle avant le Concile de Trente, les restrictions sur la fondation des associations furent adoptées avec une fréquence accrue. Certains synodes locaux et les conciles d'Europe exprimèrent des préoccupations que les associations des fidèles drainaient de précieuses ressources et énergies de l'apostolat et utilisaient

---

[20] GREGORY IX, *Ad nostram*, 26.10.1232, in *Bullarium, diplomatum et privilegiorum Sanctorum Romanorum Pontificum*, Rome, Augustae Taurinorum (1857) 3: 474-475. Cité par R.W. OLIVER, "Canonical Requisites", 216. Voici le texte original: "Soon after [the Council of Montpellier], Pope Gregory IX decreed that no association be established in the city of Rome without the express permission of the Apostolic See."

abusivement les biens temporels leur donnés par les fidèles.[21]

Un ensemble de règlements pour toute l'Eglise était une urgente nécessité, compte tenu de la situation de malentendu entre les autorités de l'Église et de nombreuses associations. Le manque de discipline dans le fonctionnement d'un certain nombre d'associations était une autre grande question qui devait être traitée par l'Église.

C'est ainsi que :

> Trente établit les premières lois pour l'Eglise universelle concernant les associations des fidèles. Cependant, le Concile ne dressa pas de restrictions sur la création de nouvelles associations. Au contraire il renforça le rôle de vigilance des évêques sur les associations existantes, spécialement la capacité de faire respecter la discipline ecclésiastique et d'effectuer des visites. Il ajouta également une nouvelle exigence légale concernant l'utilisation des biens temporels par les associations; désormais 'toutes les fondations

---

[21] R.W. OLIVER, "Canonical Requisites," 216. De telles préoccupations furent exprimées, par exemple, par les Conciles d'Arles (1234), cap.9; de Cognac (1238), cap.32; et de Bordeaux (1255), cap.29-30; ainsi que par la décrétale de Grégoire IX, *Tua nobis fraternitas*, citée dans *Liber Extra* 3.26.17. Voici le texte original: "In the century prior to the Council of Trent, restrictions on the establishment of associations were adopted with greater frequency. Some local synods and councils in Europe expressed concerns that associations of the faithful were draining away valuable resources and energies from the apostolate and misusing the temporal goods donated to them by the faithful."

pieuses, ecclésiastiques et laïques' étaient tenues de soumettre un rapport annuel à l'ordinaire du lieu.[22]

Trente mit en exergue les principaux éléments de la réglementation en ce qui concerne les associations de fidèles, dont les effets sont encore visibles parmi nous. Il s'agit des cas suivants : le rôle de vigilance et de visite des Evêques ; l'application de la discipline ecclésiastique ; un rapport annuel sur l'utilisation des biens temporels à soumettre par toutes les associations à l'ordinaire local. Ce fut les premiers règlements de ce genre pour l'Eglise universelle. Ils étaient basés sur les nombreuses règlementations alors en vigueur dans de nombreuses églises particulières à travers le monde.

Entretemps, de nouvelles associations continuèrent d'être créées, mettant les autorités de l'Église devant un fait accompli pendant les bouleversements causés par la Réforme lancée en 1517.[23] Ainsi, par prudence et par précaution :

---

[22] R.W. OLIVER, "Canonical Requisites," 216-217. Oliver cite le CONCILE DE TRENTE, Session 22, 17 septembre 1562, "Decretum de reformatione," cap.8-9: *COD* 740. Voici le texte original: "Trent established the first laws for the universal Church concerning associations of the faithful. The council did not, however, place restrictions on the establishment of new associations. Instead, it strengthened the bishops' role of vigilance over existing associations, especially the ability to enforce ecclesiastical discipline and conduct visitations. It also added a new legal requirement regarding the use of temporal goods by associations; henceforth 'all pious establishments, both ecclesiastical and lay' were bound to submit an annual report to the ordinary of the place."

[23] Voir P.M.J. STRAVINSKAS, *Catholic Encyclopedia*, article *Reformation*. La Réforme est généralement datée de la publication de certaines thèses de Martin Luther le 31.10.1517. Le point central de

> L'Église exigeait [des associations] d'être affiliées à un prêtre, une paroisse, un ordre religieux, ou quelque autre autorité ecclésiastique. Compte tenu de la défection des Protestants et le foisonnement des idées qui étaient en opposition avec le Catholicisme et des Catholiques déroutants, l'Église était naturellement plus prudente au sujet de ces groupes.[24]

La période post-tridentine fut très difficile pour l'Eglise et les associations de fidèles. La précaution d'obliger les nouvelles associations à être parrainées par une autorité ecclésiastique ou une institution était motivée par les théories controversées et les enseignements de Martin Luther et ses disciples.

b) Quaecumque du Pape Clément VIII

La constitution apostolique *Quaecumque,* du Pape Clément VIII, publiée le 07.12.1604, est le premier document officiel avant la promulgation du Code de

---

l'enseignement de Luther est l'affirmation du péché originel comme péché de concupiscence qui reste après le baptême (la corruption de l'homme) et l'acceptation de l'homme par Dieu, sans régénération intérieure de l'homme (la justification par la foi seule, l'homme à la fois pécheur et justifié).

[24] C.M. BELLITTO, *Ten Ways the Church Has Changed: What History can Teach us about Uncertain Times,* Boston, Pauline Books & Media, 2006, 42. Voici le texte original: "The Church required [associations] to be affiliated with a certain priest, parish, religious order, or some other ecclesiastical authority. Given the breakaway of Protestants and the swirling of ideas that were competing with Catholicism and confusing Catholics, the Church was naturally more cautious about these groups."

1917[25] qui réglementait la fondation des associations dans l'Eglise. Puisque rien ne pouvait arrêter la fondation de nouvelles associations de tout genre, le Pape utilisa ce décret pour faire appliquer les décisions du Concile de Trente concernant la fondation de nouvelles associations. Selon Oliver :

> Bien que cette constitution traite uniquement de la question restreinte de l'érection des associations par des ordinaires religieux, elle devint tout de suite le point de repère pour les normes ultérieures concernant toute association. L'intervention [du Pape Clément VIII] était clairement justifiée par la croissance rapide des associations, en particulier l'augmentation de la taille des sociétés primaires, les archiconfraternités, ainsi que l'octroi de privilèges plus étendus et des indulgences à ces associations.[26]

Quaecumque était vraiment une sorte de charte des associations de fidèles. Elle fournit aux autorités de l'Église et aux fondateurs des associations des normes susceptibles de les aider à gérer ce nouveau défi dans l'Eglise. Mais le plus important est qu'elle détermina la

---

[25] Voir R.W. OLIVER, "Canonical Requisites," 217.
[26] R.W. OLIVER, "Canonical Requisites," 217. Voici le texte original: "Although this constitution addressed only the limited issue of the establishment of associations by religious ordinaries, it soon became the bench-mark for subsequent norms concerning all associations. The intervention of the pope was clearly motivated by the rapid growth of associations, especially the increasing size of primary societies and archconfraternities and the granting of more extensive privileges and indulgences to them."

responsabilité des autorités de l'Eglise[27] sur toutes les associations. Presque tout était à faire sous leur surveillance et vigilance :

> Afin que l'autorité ecclésiastique puisse exercer un plus grand contrôle sur les associations, *Quaecumque* fixa plusieurs exigences pour la création des associations, et parmi lesquelles il y avait la limitation du nombre de confréries autorisées dans chaque région et l'exigence que le consentement de l'ordinaire fût obtenue au préalable avant toute fondation de toute confrérie, ainsi que pour les agrégations entre confréries et tiers ordres. Le Pape Clément exigea également le respect de la forme canonique contenue dans la constitution pour la validité de l'érection de nouvelles associations.[28]

---

[27] CONGREGATION FOR BISHOPS AND REGULARS, *Resolutio Romana*, in *Fontes* 4 (8.01.1907) 1111-11151; CONGREGATION OF THE CONSISTORY, *A remotissima* 32, 31.12. 1909, in *Acta Apostolicae Sedis* (*AAS*) 2 (1910) 32. Cité par R.W. OLIVER, "Canonical Requisites," 218-219. Ces mêmes Congrégations décidèrent aussi que les associations étaient premièrement distinguées par leurs relations avec l'autorité ecclésiastique.

[28] R.W. OLIVER, "Canonical Requisites," 217. Oliver fait référence à Clément VIII, *Quaecumque,* 07.12.1604, §§ 3, 5, 10. Voici le texte original: "In order that ecclesiastical authority might exercise greater control over associations, *Quaecumque* laid down several requirements for the establishment of associations, including limitations on the number of confraternities permitted in each region and a requirement that the consent of the ordinary be obtained prior to the [establishment] of all confraternities, as well as for aggregations between confraternities and third orders. Pope Clement also mandated observance of the canonical form contained in the constitution for the validity of the [establishment] of new associations."

La mise en application de ces règlements rencontra les mêmes difficultés que les normes publiées par le Concile de Trente. En effet, pour essayer de restaurer l'ordre et la discipline dans ce secteur pastoral, le Saint-Siège estima nécessaire de rappeler aux autorités de l'Eglise que les instructions contenues dans *Quaecumque* restaient en vigueur :

> En 1861 le Saint-Siège fut forcé de conclure qu'une négligence généralisée des normes du *Quaecumque* avait rendu nulle et non avenue l'érection d'un grand nombre d'associations. Dans un décret *Urbis et orbis,* la Congrégation des Indulgences rappela de nouveau que les normes de Clément VIII restaient en vigueur, mais alors il accorda une sanation générale à toutes les associations érigées invalidement après 1604, ainsi qu'une validation générale à toutes les affiliations et la communication des indulgences.[29]

La voie vers l'harmonisation de la réglementation sur les associations dans l'Eglise fut longue et difficile. Bien que *Quaecumque* était, soit pas très connue, soit appliquée différemment d'une église locale à une autre, elle est restée en vigueur comme le

---

[29] R.W. OLIVER, "Canonical Requisites," 218. Voici le texte original: "In 1861 the Holy See was forced to conclude that widespread disregard for the norms of *Quaecumque* had rendered the establishment of a large number of associations null and void. In a decree *Urbis et orbis,* the Congregation for Indulgences again recalled that the norms of Clement VIII remained in effect, but then granted a general sanation to all associations [established] invalidly after 1604, as well as a general validation of all affiliations and communication of indulgences."

seul texte officiel publié par le Saint-Siège du 17ème siècle à la promulgation du premier Code de Droit Canonique. Par conséquent, il était la référence officielle pour le droit ecclésiastique sur les associations de fidèles dans l'Eglise.[30] Par exemple,

> En 1889, [...], la Congrégation du Concile décida que le consentement de l'ordinaire était nécessaire pour l'érection de toutes les associations ecclésiastiques et que l'ordinaire était l'autorité chargée d'examiner et d'approuver les statuts de toutes les associations de ce genre.[31]

Cependant, tout n'était pas mauvais, sombre et désordonné au cours de la période antérieure au Code de 1917; quelque chose se faisait ; quelque chose de bon se passait discrètement dans l'Eglise. Un nombre impressionnant d'associations de fidèles était actif dans l'Eglise et dans le monde, parfois dans l'ignorance des instructions officielles.

---

[30] Voir R.W. OLIVER, "Canonical Requisites," 218.
[31] R.W. OLIVER, "Canonical Requisites," 218. Voici le texte original: "In 1889, [...], the Congregation of the Council ruled that the consent of the ordinary was necessary for the [establishment] of all ecclesiastical associations and that the ordinary had the authority to examine and approve the statutes of all such associations." L'auteur ajoute qu'« au cours des trois derniers siècles, plusieurs dicastères de la Curie romaine ont publié des déclarations similaires, dont beaucoup ont étendu progressivement les dispositions de *Quaecumque* à d'autres aspects de la vie et de la mission des associations», 217-218.

2. Les activités des associations de fidèles

L'intense tentative de réglementer la fondation et l'organisation des associations de fidèles a été pendant de nombreux siècles, la preuve que les associations ont toujours fait partie de l'apostolat de l'Eglise. Depuis le tout début, les fidèles se réunissaient et formaient les premières communautés chrétiennes, lesquelles se sont développées rapidement et se sont répandues dans le monde à partir de Jérusalem (voir Ac 1). Selon John P. Beal, Professeur associé à la Catholic University of America,

> [...] Depuis les premiers siècles de l'Église, les fidèles se sont organisés pour subvenir aux besoins des malades et des autres nécessiteux. Au moyen âge, des fraternités spirituelles apparurent, puis des groupements qui se formèrent autour des couvents pour participer à leurs mérites spirituels. D'autres associations pour la prière se multiplièrent, composées uniquement de laïcs et ayant les objectifs suivants : le développement de la dévotion à Dieu et aux saints; la pratique de la charité envers son voisin; et l'exercice de l'esprit de pénitence.[32]

---

[32] J.P. BEAL *et al* (eds), *New Commentary on the Code of Canon Law*, Bangalore, Theological Publications in India, 2000, 399. Voici le texte original: "[...] From the first centuries of the Church the faithful have organized in order to care for the needs of the sick and other necessities. During the middle ages, spiritual fraternities appeared, then groupings which formed around convents to participate in their spiritual merits. Other associations for prayer multiplied, composed only of lay persons and having the following purposes: development of devotion to God and the saints; the practice

En l'absence de normes claires sur les associations de fidèles avant la promulgation du Code de 1917, il serait très difficile de les classifier. Cependant, il semble que le nom « association » était réservé aux associations créées par les Evêques, ayant reçu un statut juridique et appelées « sociétés ecclésiastiques ». Toutes les autres qui n'avaient eu aucune reconnaissance officielle ecclésiastique, étaient gouvernées et dirigées par les laïcs étaient appelées « sociétés laïques ».[33]

a. Le domaine d'activité

Depuis les origines, des associations étaient directement liées à la mission de l'Eglise dans divers champs pastoraux, essayant de répondre aux besoins de la société et de l'Eglise de leur temps. Tout au long de l'histoire de l'Église, de nouveaux charismes ont surgi

---

of charity towards one's neighbor; and the exercise of a spirit of penance." Voir aussi M. DOLAN, *Partnership in Lay Spirituality. Religious and Laity Find New Ways*, Dublin, The Columba Press, 2007, 60. Dolan note ce qui suit: "From the beginning of the church the Holy Spirit has called into being groups and movements, each with its own charism. Thus, even in New Testament times there were ranks of widows (See 1 Tim 5:3-16); soon there would be also ranks of virgins. In time there were hermits and monks. In the Middle Ages there were various groups of religious institutes but also many lay groups. Already we have alluded to groups of penitents. There were also spiritual Franciscans and Beguines, in addition to their orders and confraternities."

[33] Voir M. CASEY, "Associations of Christ's Faithful: Possibilities for the Future", in *Studia canonica* 41 (2007) 82. Cette catégorisation est importante, car elle a influencé la codification du Droit canonique en 1917: *sociétés ecclésiastiques* et *sociétés laïques*.

parmi les fidèles pour relever les défis auxquels l'Église et la société civile étaient confrontées.

La plupart des domaines communs d'activité étaient les œuvres de charité, la piété, la pénitence, l'éducation,[34] le service social, la prière et le travail, les dévotions spéciales (par exemple le Sacré-Cœur de Jésus, de Marie et de Saint Joseph, etc.). Robert W. Oliver regroupe ces domaines d'activité comme suit :

> Les sociétés du purgatoire étaient particulièrement populaires, comme l'étaient les associations qui mettaient l'accent sur la dévotion pour les saints, le service des pauvres, l'attention aux veuves et aux orphelins, les visites aux prisonniers et la réparation des églises. Certaines des guildes professionnelles comprenaient des œuvres religieuses et pieuses parmi les obligations officielles de leurs membres.[35]

Un autre domaine important d'activité tournait autour de la protection des intérêts de l'Église selon le droit civil. Grâce à ses associations, l'Église pouvait acquérir et gérer des propriétés conformément à la

---

[34] See C.M. BELLITTO, *Ten Ways the Church Has Changed*, 198-205. Au cours de cette période, dans le domaine de l'éducation, une mention spéciale peut être portée sur quelques associations religieuses: les Jésuites, les Ursulines et les Frères des Ecoles Chrétiennes.

[35] R.W. OLIVER, "Canonical Requisites," 215. Voici le texte original: "Purgatorial societies were especially popular, as were associations that emphasized devotion to the saints, service to the poor, care for widows and orphans, visits to the imprisoned, and the repair of churches. Some of the professional guilds included religious and pious works among the official duties of their members."

réglementation nationale. Cette disposition juridique était nécessaire, puisque l'Église qui était en expansion, n'était pas toujours reconnue dans tous les systèmes juridiques locaux.

> Dans les premiers siècles lorsque l'Église n'avait pas de statut en droit civil, une disposition du droit romain autorisait les chrétiens à fournir des services essentiels tels que l'enterrement des pauvres. Ces associations fournissaient la protection juridique pour la propriété et les rassemblements légaux des membres. Comme le statut juridique de l'Église changeait au cours des siècles, des relations formelles entre l'Église et les associations se développaient. Le droit ecclésiastique se développait de telle sorte que les règles et les normes régissant la création des associations apparurent.[36]

Toutes ces activités ont contribué à la proclamation de la Bonne Nouvelle et à l'expansion de l'Eglise dans le monde entier. Les associations de fidèles ont témoigné de

---

[36] M. CASEY, "Associations of Christ's Faithful," 82. Voici le texte original: "In the earlier centuries when the Church had no standing in civil law, a provision in Roman law permitted Christians to provide essential services such as the burial of the poor. These associations furnished legal protection for property and the lawful gatherings of the members. As the legal standing of the Church changed during the centuries, formal relationships between the Church and the associations developed. Ecclesiastical law developed so that there emerged rules and regulations governing the establishment of associations." Voir aussi R.W. OLIVER, "Canonical Requisites," 214 : les associations permettaient également aux membres de l'Eglise d'obtenir une protection légale pour la propriété et les rassemblements légaux.

leur foi par leur présence importante et permanente au service des pauvres et des marginalisés de leur temps.

b. Des exemples d'associations

Le dynamisme des fidèles au cours de la période entre le 4ème siècle et la promulgation du Code de 1917 est admirable. Malgré les nombreuses difficultés rencontrées dans le domaine juridique, les associations de fidèles naquirent, se développèrent et se répandirent dans le monde entier. Il serait fastidieux de les énumérer toutes ici.

A cette époque-là, les chrétiens se mirent ensemble et formèrent ce qui sera plus tard appelé communautés religieuses, congrégations ou monastères. Les gens parvinrent à identifier l'Église et sa mission avec le clergé et les communautés religieuses grâce à leur engagement croissant dans l'organisation de l'Eglise. Des hommes et des femmes se réunissaient autour d'un homme ou d'une femme charismatique et réalisaient leur vocation baptismale dans le monde en consacrant leur vie à des œuvres de piété, de charité, de prière et de travail. En outre, ils défendaient la foi chrétienne quand elle était menacée par toute sorte d'idéologies. Les membres de ces groupes étaient initialement des laïcs.

> Certains de ces laïcs ont choisi de se retirer du monde et de vivre une vie de chasteté et d'ascétisme; ceux-ci furent les premiers « moines » et « religieuses », pour utiliser des termes récents. Généralement, ils vivaient ensemble dans de petites communautés, souvent en milieu rural, et

parfois seuls. La plupart de ces premiers ascètes dans les premières expressions « monastiques » n'étaient pas non plus ordonnés.[37]

À ce sujet, Maria Casey, Vicaire à la Vie Consacrée de l'Archidiocèse de Sydney, fait l'observation suivante :

> Au cours des siècles antérieurs, l'apostolat de l'Église était largement devenu le domaine du clergé et des congrégations religieuses. C'était la grande époque des communautés religieuses apostoliques, qui avaient surgi en réponse aux besoins et aux conditions sociales de leur temps. En réponse aux inspirations de l'Esprit Saint, elles ont apporté la vie à l'Eglise à travers l'expression de leurs divers charismes qui étaient façonnés par des éléments ecclésiologiques, théologiques, sociaux et canoniques qui prévalaient au moment de leur fondation.[38]

---

[37] C.M. BELLITTO, *Ten Ways the Church Has Changed*, 30. Voici le texte original: "Some of these lay people chose to withdraw from the world and live a life of chastity and asceticism; these were the first *monks* and *nuns*, to use later terms. Typically, they lived together in small communities, often in rural settings, and sometimes alone. Most of these first ascetics in the earliest *monastic* settings were also not ordained." Ce que Bellitto ajoute est très important pour le sujet sous étude dans ce travail: "At the same time [during the first millennium of Church history], monasteries and convents were full of people who were essentially *lay men* and *women*, not *monks* and *nuns* in any clerical sense." IDEM, 35. C'est nous qui soulignons.

[38] M. CASEY, "Associations of Christ's Faithful," 66. Voici le texte original: "In the previous centuries, the apostolate of the Church had become largely the domain of clergy and religious congregations. It was the grand era of apostolic religious communities, which had arisen in response to the needs and the social conditions of their times. In response to the promptings

En plus de cette vaste gamme d'associations appelées communautés religieuses ou monastères, un autre genre d'associations était en train d'émerger dans l'Eglise. Leur fondation était due à des initiatives personnelles et quelquefois elles étaient lancées par des autorités de l'Eglise. La terminologie utilisée à cette période n'était pas uniforme. Ces associations étaient appelées fraternités, confraternités, confréries, sociétés, mouvements, corporations, ordres etc. Deux de ces associations étaient la « *Confraternity of Christian Doctrine* »[39] (Confraternité de la Doctrine Chrétienne) et les « *Poor men's movements* » (Mouvements des hommes pauvres).

La *Confraternity of Christian Doctrine* était :

> Une des nombreuses sociétés qui apparurent aux environs de la période du Concile de Trente (1545-

---

of the Holy Spirit, they brought life to the Church through the expression of their various charisms which were shaped by the ecclesiological, theological, social and canonical elements prevailing at the time of their foundation." Casey fait remarquer ce qui suit: "A special impulse for this development was the monastic movement in Western Europe. By the end of the first millennium, associations attached to monasteries had spread across the European continent, gathering together a variety of people who wished to share the monastic life of prayer and work: women and men, rich and poor, nobility and commoners, clerics and laity. A similar path was blazed during the Middle Ages by the mendicant religious orders, particularly through the formation of the new third orders and confraternities." Voir aussi R.W. OLIVER, "Canonical Requisites," 214.

[39] C.M. BELLITTO, *Ten Ways the Church Has Changed*, 42. Ici, Bellitto donne l'origine de cette association: "Church leaders trained teachers, many of whom were lay men and women, and organized them into the Confraternity of Christian Doctrine (CCD) of that era."

1563). Elle avait pour objet de procurer l'éducation religieuse aux enfants et aux adultes de Milan qui n'avaient jamais suivi la catéchèse formelle selon un programme validé par l'Eglise. Les décrets du Concile et l'approbation d'un catéchisme en 1556 par le Pape Saint Pie V donnèrent un nouvel élan au mouvement. Le CCD [*Confraternity of Christian Doctrine*] demeura purement une 'organisation laïque,' composée de femmes et d'hommes formés qui enseignaient bénévolement le catéchisme les dimanches et les jours saints. Des saints tels que Charles Borromée, Robert Bellarmin, François de Sales et Pierre Canisius épousèrent les buts de la confraternité qui jouissait de l'appui des Papes à travers les siècles.[40]

A propos des *Poor men's movements*, Christopher M. Bellitto, Professeur assistant d'histoire à Ken University en Union, écrit :

Un des mouvements les plus répandus au Moyen Âge était un surgissement de 'spiritualité laïque'

---

[40] P.M.J. STRAVINSKAS, *Catholic Encyclopedia*, article *Confraternity*. C'est nous qui soulignons. Voici le texte original: "One of the numerous societies that appeared about the time of the Council of Trent (1545-1563). Its purpose was to provide religious education for children and adults in Milan who had never undergone formal catechesis in a Church-sponsored program. The decrees of the Council, and Pope St. Pius V's approval of a catechism in 1566, gave impetus to the movement. The CCD [Confraternity of Christian Doctrine] remained a purely 'lay organization,' consisting of trained men and women who voluntarily taught the catechism on Sundays and holy days. Saints such as Charles Borromeo, Robert Bellarmine, Francis de Sales and Peter Canisius embraced the aims of the Confraternity, and it enjoyed the support of the Popes through the centuries."

appelée mouvements des hommes pauvres dans lesquels des hommes, et parfois des femmes, décidaient de vivre une vie radicale de pauvreté et de prédication. Ils réagissaient contre l'esprit mondain du haut clergé – c'est-à-dire les évêques dans les grandes villes, les cardinaux, et le pape - en cherchant dans l'Evangile un christianisme qui était pur parce qu'il était pauvre. Bien que certains disciples de ces mouvements tombèrent dans l'hérésie et prêchèrent sans avoir l'autorisation de l'Eglise à cet effet, la majorité maintint l'enseignement orthodoxe et voulurent s'identifier au Christ autant que possible dans leurs vies quotidiennes, 'laïques.'[41]

Le rôle des laïcs dans ce vaste dynamisme interne de l'Eglise était évident. Ils étaient impliqués dans la fondation des associations de toute sorte qui soutenaient la mission de l'Eglise partout où cela était possible. Ils participaient activement à la réalisation de la mission que le Christ a confiée aux Apôtres (Mt 28, 19). Ceci fut

---

[41] C.M. BELLITTO, *Ten Ways the Church Has Changed*, 38. C'est nous qui soulignons. Voici le texte original : 'One of the largest movements in the Middle Ages was an upsurge in 'lay spirituality' called the poor men's movements in which men, and sometimes women, decided to live a radical life of poverty and preaching. They reacted against the worldliness of the upper clergy – meaning the bishops in the larger cities, the cardinals, and the pope – by seeking in the Gospel a Christianity that was pure because it was poor. Although some of the movement's followers fell into heresy and preached without having a Church license to do so, the majority upheld orthodox teaching and wanted to identify with Christ as much as possible in their daily, 'lay lives.' Voir aussi H.J. SÁNCHEZ ZARIÑANA, *L'être et la mission du laïc dans une Église pluri-ministérielle. D'une théologie du laïcat à une ecclésiologie de solidarité, 1953-2003*, Paris, Editions L'Harmattan, 2008, 149-150.

confirmé ultérieurement par le Conseil Pontifical pour les Laïcs:

> Même un coup d'œil rapide sur l'histoire de l'Église révèle l'ampleur du travail accompli par ces associations dans les moments cruciaux de son existence et la richesse des charismes générés à tous les âges par des mouvements laïcs créés pour le renouveau de la vie chrétienne. Le développement du monasticisme au cours du premier millénaire et l'émergence des Ordres mendiants au 13ème siècle se présentent comme une évidence du travail des laïcs. Au 16ème siècle, avant et après le Concile de Trente, à la suite de la réforme de l'Eglise, 'un vaste réseau d'associations laïques était créé,' dans lequel un rôle de premier plan était joué par les Confréries, les Oratoires et les Congrégations Mariales.[42]

Canoniquement parlant, les associations de fidèles étaient réglementées par des règles disparates et quelques

---

[42] PONTIFICAL COUNCIL OF THE LAITY (PCL), *International Associations of the Faithful. Directory.* Accessible aussi sur: http://www.vatican.va/roman_curia/pontifical_councils/laity/documents/rc_pc_laity_doc_20051114_associazioni_en.html. Consulté le 23.05.2011. Voici le texte original: "Even a cursory glance at the history of the Church reveals the magnitude of the work performed by these associations at crucial moments in its existence, and the wealth of charisms generated in all ages by lay movements created for the renewal of the Christian life. The development of monasticism in the first millennium, and the emergence of the mendicant Orders in the 13th century stand as evidence of the work of the laity. In the 16th century, before and after the Council of Trent, in the wake of Church reform, 'a vast network of lay associations was created,' in which a leading part was played by the Confraternities, Oratories and the Marian Congregations." C'est nous qui soulignons.

documents avant la promulgation du Code de 1917. Les églises locales s'efforçaient de maintenir l'unité entre leurs communautés chrétiennes et l'augmentation incessante des associations de fidèles. Ni le Concile de Trente, ni la constitution apostolique *Quaecumque* de Clément VIII n'ont fait assez pour améliorer la situation. Ainsi, une plus grande cohérence et un droit codifié étaient nécessaires pour le bien de toute l'Eglise et des associations de fidèles. En effet, « l'expansion rapide des associations au Moyen Âge [et plus tard jusqu'en 1917] était le facteur le plus important dans le développement futur du droit de l'Eglise. »[43]

3. Les associations de fidèles dans le Code de 1917[44] (cc 684-725)

Au cours de la longue période menant jusqu'à la promulgation du Code de 1917, on a connu la production

---

[43] R.W. OLIVER, "Canonical Requisites," 215. Voici le texte original: "the rapid expansion of associations during the Middle Ages [and later on up to 1917] was the most significant factor in the further development of [Church] law."

[44] Le Code de 1917 est appelé *Codex Iuris Canonici* de 1917. Voir P.M.J. STRAVINSKAS, *Catholic Encyclopedia*, article *Code:* "The first Code was compiled between 1903 and 1917 and promulgated by the Pope in 1917." Voir aussi K.E. McKENNA, *A concise guide to Canon Law. A Practical Handbook for Pastoral Ministers,* Notre Dame, Ave Maria Press, 2000, 18. McKenna déclare que ce *Code de Droit canonique* était une œuvre importante du Pape Pie X (1835-1914) dans laquelle il essaya de codifier la vaste tradition canonique en un ensemble cohérent. Après consultation avec les évêques et les supérieurs majeurs du monde entier, le code fut promulgué par son successeur le Pape Benoît XV, le 27.05.1917, jour de la Pentecôte. Le code entra en vigueur à la Pentecôte suivante, le 19.05.1918.

de nombreux règlements sur les associations. Ces règlements devaient être regroupés dans un texte cohérent. Cette tâche a permis à la fois aux associations et aux autorités de l'Église de baisser les tensions qui nuisaient à leurs relations mutuelles. C'est ainsi que « les canons [dans le Code de 1917] sur les associations de fidèles constituaient la première approche systématique des associations dans le droit de l'Eglise. »[45] Ils traitent des associations en quarante-deux canons (684-725). La section est divisée en deux parties : l'une sur les associations de fidèles en général (cc 684-699) et l'autre sur les associations de fidèles en particulier (cc 700-725). Cependant, puisque ces canons se trouvent dans la section qui traite de laïcs, on a l'impression que seuls les laïcs pouvaient être membres des associations de fidèles.[46]

4. Les aspects juridiques

Le Code de 1917 a traité des associations de fidèles parce qu'elles existaient déjà par voie de fait dans l'Eglise. Ainsi, on pourrait dire que le Code a légalisé une réalité qui ne pouvait plus être ignorée.

Par rapport au décret d'approbation, le Code de 1917 distinguait deux sortes d'associations[47] de fidèles : les associations « érigées » par l'autorité de l'Eglise et les

---

[45] R.W. OLIVER, "Canonical Requisites," 219. Voici le texte original: "The canons in the [1917 CIC] on associations of the faithful constituted the first systematic approach to associations in church law."

[46] Voir R.W. OLIVER, "Canonical Requisites," 219.

[47] Le Code de 1917 emploie indistinctement les mots 'association' et 'fraternité' ; par exemple les canons 685-688 et d'autres.

associations « approuvées » qui pourraient s'être développées par initiative privée, mais dont l'existence était reconnue par l'autorité ecclésiastique (c 686 § 2). Les deux sortes d'associations étaient appelées « associations ecclésiastiques » tandis que « […] les autres associations de fidèles qui n'avaient pas obtenu un décret formel d'approbation ou d'érection, même si elles étaient éligibles, étaient appelés associations de laïcs. »[48]

Patrick Valdrini, Recteur de l'Institut Catholique de Paris, appelle ce troisième type d'associations 'associations *de facto*,' parmi lesquelles se trouvent les associations de laïcs :

> Bien que non mentionnées dans le Code, [il y a aussi] les associations *de facto* sur lesquelles l'autorité ecclésiastique ne s'est pas prononcée. Parmi ces dernières, se trouvent les associations dites associations de *laïcs*, c'est-à-dire qui se gouvernaient elles-mêmes sous la vigilance de la hiérarchie.[49]

---

[48] CANADIAN CATHOLIC CONFERENCE OF BISHOPS (CCCB), *Recognition of National Catholic Associations. Guidelines for the CCCB and Associations of the Faithful,* Ottawa, Publications Service Canadian Conference of Catholic Bishops, 1993, 34. Voici le texte original: "[All] other associations of the faithful that had not received a formal decree of approval or establishment, even if eligible, were called lay associations." Ce texte est également disponible sur :
http://www.cccb.ca/site/Files/Recognition_of_Associations.pdf.
Consulté le 13.06.2011.

[49] P. VALDRINI *et al* (eds), *Droit canonique*, 2ème édition, Paris, Dalloz, 1999, 109. C'est l'auteur qui souligne. Voir aussi F. MESSNER, « Le droit associatif dans l'Eglise catholique et dans la société française », in *Praxis juridique et religion* 1 (1984) 112-114 ; et M. CASEY, "Associations of Christ's Faithful," 66. D'autres

Le canon 686 § 2 stipule ce qui suit : « Il appartient d'ériger ou d'approuver ces associations, outre le Souverain pontife, à l'Ordinaire du lieu, excepté celles dont l'institution a été réservée par privilège apostolique à d'autres autorités.»[50] Cette disposition exclut certaines instances de la création des associations de fidèles. En outre, les fidèles sont invités à « [se garder] […], des associations secrètes, condamnées, séditieuses, suspectes, ou qui s'efforcent de se soustraire à la vigilance légitime de Église » (c 684).

Les exigences canoniques pour qu'une association puisse être érigée étaient : la promotion d'une vie chrétienne plus parfaite chez les membres ; l'accomplissement des œuvres de piété et de charité, ou la promotion du culte public (c 685).[51] Sur base de ces critères, les associations étaient classées en trois catégories : les tiers ordres séculiers, les unions pieuses et les confréries (c 700).[52]

---

fidèles s'associaient en réponse à leur vocation baptismale pour promouvoir le règne de Dieu. Ces associations des fidèles avaient leurs charismes propres et d'efforçaient de les exprimer dans leur milieu de vie.

[50] Pour plus d'informations sur ce canon, voir M. DOLAN, *Partnership in Lay Spirituality*, 61.

[51] Voir R.W. OLIVER, "Canonical Requisites," 220.

[52] Voir CCCB, *Recognition*, 14. Les Evêques Canadiens font le commentaire suivant à propos des « unions pieuses »: « Selon le Code de 1917, les associations de fidèles étaient, en réalité, des associations pieuses, comprenant les tiers ordres, les confraternités, les unions pieuses et les confréries (c'est-à-dire des unions qui étaient *ad modum organici corporis constituae*). Ces associations pieuses, appelées aussi associations ecclésiastiques, étaient du point de vue canonique ou simplement des associations approuvées ou des associations canoniquement érigées ». C'est l'auteur qui souligne.

Chaque catégorie avait son propre but. Les tiers ordres avaient pour but de promouvoir une vie chrétienne plus parfait chez leurs membres tandis que les unions pieuses étaient érigées pour la réalisation des œuvres de piété et de charité.[53] C'est ainsi que les Evêques Canadiens déclarent :

> D'après [le Code de 1917], les associations de fidèles, érigées pour des fins de piété ou de charité, autres que les instituts religieux ou sociétés de vie commune, une fois qu'elles ont obtenu la reconnaissance de l'autorité compétente, sont traitées comme des associations pieuses (tiers ordres, confréries, unions pieuses). La reconnaissance accordée à l'association était, selon différents cas, soit une *simple approbation canonique ou une érection.*[54]

Quelles étaient les conséquences de la non-érection ou du manque d'approbation ? L'Église ne pouvait pas nier l'existence *de facto* des associations alors qu'elles étaient actives. L'absence d'une disposition canonique

---

[53] Voir P. VALDRINI, *Droit canonique*, 109. Voir aussi M. DOLAN, *Partnership in Lay Spirituality*, 61. Dolan ajoute ce qui suit : "les tiers ordres séculiers […] indiquaient leur caractère *laïc* et leur appartenance ou affiliation aux ordres religieux, souvent pré-Réforme ». C'est nous qui soulignons.

[54] CCCB, *Recognition*, 34. Voici le texte original: "According to the [1917 CIC], the associations of the faithful, established for purposes of piety or charity, other than religious institutes or societies of common life, once they have obtained recognition from the competent authority, are treated as pious associations (third orders, confraternities, pious unions). The recognition granted to the association was, according to different cases, either *simple approval* or *canonical* establishment. C'est l'auteur qui souligne.

signifiait simplement que ces associations n'étaient pas des personnes canoniques (c 687) et n'avaient ni droits ni obligations dans l'Eglise. Roch Pagé, Professeur de Droit Canon à l'Université Saint Paul - Ottawa, explique la situation comme suit :

> [...] Le manque de [décret d'érection] ou d'approbation de l'autorité ecclésiastique n'impliquait pas qu'une association était désapprouvée ou illégitime, mais seulement que l'association ne possédait pas les capacités juridiques dans l'ordre canonique. Les sujets canoniques de l'association étaient les membres individuels.[55]

Outre l'exigence des objectifs pastoraux avant qu'une association de fidèles ne soit érigée ou approuvée, une autre condition était prévue au canon 689 § 1: « Chaque association doit avoir ses statuts examinés et approuvés par le Siège apostolique ou par l'Ordinaire du lieu. »

La vigilance et la compétence étaient imposées à toutes les associations de fidèles, indépendamment de leur statut juridique, tel que stipulé par le canon 690 § 1 :

---

[55] J.P. BEAL, *New Commentary*, 419. Voici le texte original: "[...] The lack of [establishment] or approval by ecclesiastical authority did not imply that an association was disapproved or illegitimate, but only that the association did not possess juridical capacities in the canonical order. The canonical subjects of the association were the individual members." Cité par R.W. OLIVER, "Canonical Requisites," 220.

> Toutes les associations, même érigées par le Siège apostolique, à moins qu'un privilège spécial ne s'y oppose, sont soumises à la juridiction et à la vigilance de l'Ordinaire du lieu, qui a le droit et la charge de les contrôler selon les règles des saints canons.

La seule exception était « les associations qui par l'effet d'un privilège apostolique ont été instituées par des religieux exempts dans leurs églises » (c 690 § 2). Toutefois, la vigilance du canon 690 § 1 ne concernait pas tous les domaines de la vie des associations de fidèles érigées ou approuvées. L'autorité de l'Eglise devait veiller sur certains domaines spécifiques :

> Ce rôle de vigilance englobait des questions extérieures telles que l'administration des biens, le culte et l'état de leur oratoire ou chapelle. Il comprenait également certains droits de l'ordinaire en ce qui concerne des questions internes telles que le respect des statuts et des dispenses de la même façon, la tenue des réunions, l'admission des candidats, les élections, …[56]

---

[56] R.W. OLIVER, "Canonical Requisites," 221. Voici le texte original: "This role of vigilance encompassed external matters, such as the administration of goods, the conduct of worship, and the condition of their oratory or chapel. It also included certain rights of the ordinary with regard to internal matters, such as observance of the statutes and dispensations from the same, conduct at meetings, admission of candidates, elections, [and so forth]." L'Ordinaire du lieu avait aussi le droit de nommer le modérateur et l'aumônier de certaines associations sur son territoire (voir c 698 § 1) et de supprimer une association pour une raison grave (voir c 699 §§ 1-2).

Presque tous les problèmes dont il s'agit aux canons 684, 685, 686, 689, 690 et 700 du Code de 1917 seront traités, parmi tant d'autres, dans le Code de 1983.

5. La mission des associations

En exigeant qu'aucune association de fidèles ne devait être érigée ou approuvée si elle n'avait pas un champ d'activité clair, l'Église voulait s'assurer que les associations ne faisaient pas ce qu'elles voulaient, mais participaient à la mission apostolique selon leur propre condition et leur charisme. C'est pourquoi « elles étaient classifiées selon leur objet ou but pour lequel elles avaient été érigées ».[57]

Ainsi, les associations de fidèles « paraissaient 'aider' dans une mission qui appartenait réellement aux ministres ordonnés ».[58] Ceci est un débat continuel dans l'Eglise. Toutefois, la réalité est que la mission de l'Eglise est la mission du Christ confiée aux Apôtres et à leurs successeurs. Le peuple de Dieu partage la même mission

---

[57] L. MEDROSO, *Associations of the Laity*, Tagbilaran City, 2005; accessible sur: at http:// medroso.blogspot.com/2005/12/associations-of-laity.html. Consulté le 19.06.2011. Medroso donne la raison pour laquelle les autorités de l'Eglise étaient si exigeantes à propos de la fondation ou de l'approbation au regard des buts de toute association de fidèles: « La raison pour tous [ces critères] est le concept prédominant de l'époque qui stipulait que la mission de l'Eglise était identique à la mission de la Hiérarchie, et ainsi chaque fois que des fidèles laïcs intervenaient activement dans la vie de l'Eglise c'était compris qu'ils le faisaient simplement pour aider la Hiérarchie, particulièrement le clergé de la paroisse. »
[58] E.P. HAHNENBERG, *A Concise Guide to the Documents of Vatican II*, Cincinnati, St Anthony Messenger Press, 2007, 102. C'est l'auteur qui souligne.

car « l'apostolat n'appartient pas à la hiérarchie; il appartient à tout le monde ».[59]

La promulgation du Code de 1917 constitua un nouveau départ pour les associations de fidèles : elle libéra beaucoup d'énergie chez les fidèles, en particulier chez les laïcs. Les associations existantes furent revitalisées et de nouvelles furent fondées, plus souvent par les laïcs, de leur propre initiative.[60] Bien qu'il soit impossible de les énumérer toutes ici, cependant on pourrait en mentionner quelques-unes. C'est le cas de *Young Christian Workers* (Jeunes Travailleurs Chrétiens) ; *Young Christian Students*[61] (Jeunes Etudiants Chrétiens) ; *Confraternities of the Sacred Heart* (les confréries du Sacré-Cœur) ; le Saint Sacrement ; *Brown Scapular* (le Scapulaire Brun) ; le Rosaire; *Confraternity of Christian Doctrine* (Confraternité de la Doctrine Chrétienne[62] - CCD) ; les Communautés de Vie Chrétienne (anciennement appelées Confréries de Notre Dame) ; les Franciscains Séculiers (anciennement appelés Tiers Ordre de St François) ; la Société de St Vincent de Paul ; la Société du Saint Nom ; la Légion de Marie ; *Knights of Columbus* (les Chevaliers de Colomb) ; etc.[63]

---

[59] E.P. HAHNENBERG, *A Concise Guide*, 102.
[60] Pour plus d'informations, voir M. DOLAN, *Partnership in Lay Spirituality*, 63.
[61] Voir T. HANNA, *With Respect. Authority in the Catholic Church*, Blackrock, The Columba Press, 2008, 19-20. Ce mouvement était fondé par le Cardinal Joseph Cardijn de Belgique en 1925. Sa méthode était : Observe, Juge et Agis. Ce mouvement était très actif dans l'ex Zaïre, actuellement RDC.
[62] Voir M. D, *Partnership in Lay Spirituality*, 61.
[63] Voir J.A. CORIDEN, *An Introduction to Canon Law*, Revised edition, New York, Paulist Press, 2004, 69. Voir aussi A.

Mention spéciale devrait être faite sur ce qui est généralement connu sous le nom de « Renouveau Charismatique » qui s'est développé dans les années 1960 et 1970 comme un mouvement entièrement animé par les laïcs. Dans de nombreux pays à travers le monde, ce mouvement a évolué vers des communautés très dynamiques. Des mouvements très vivants tels que les *Focolari* (mouvement fondé par Chiara Lubich, à Trente autour de l'année 1944) et le Néo-Catéchuménat (fondé en 1964, à Madrid) enrichirent la vie de l'Eglise. Des fidèles se réunirent dans diverses communautés de vie chrétienne ainsi que des milliers de communautés chrétiennes de base, spécialement dynamiques en Amérique Latine, en réponse à Vatican II.[64]

Les œuvres apostoliques réalisées par toutes les associations de fidèles, quels que soient leur nom et leur statut canonique, étaient des œuvres d'Eglise. Elles participaient à l'unique mission de l'Eglise, celle d'annoncer l'Evangile et de témoigner de l'amour de Dieu dans le monde.

6. L'Action Catholique

HAGSTROM, *The Emerging Laity. Vocation, Mission, and Spirituality*, New York, Paulist Press, 2010, 16-17.

[64] Voir M. DOLAN, *Partnership in Lay Spirituality*, 60-61. Ces communautés chrétiennes de base ont été au cœur de l'Eglise en RDC depuis la fin du Deuxième Concile du Vatican. Un autre mouvement considéré comme issu de l'Action Catholique était le "Christian Family Movement" (C.F.M.) fondé vers les années 1950. Voir P.M.J. STRAVINSKAS, *Catholic Encyclopedia*, article *Christian Family Movement*.

L'Action Catholique[65] était très présente et active dans l'Eglise au cours des années qui ont précédé le Concile Vatican II. Elle se répandit dans plusieurs parties du monde après le Concile.

Humberto J. Sánchez Zariñana décrit les origines et la situation de l'Eglise lorsque l'Action Catholique est née:

> « […] Nous connaissons la suite de l'histoire: le repli de l'Eglise vis-à-vis de l'Etat au XIXème siècle et, plus tard, la création de l'Action catholique qui s'efforce d'atteindre l'homme contemporain, ainsi que l'apparition des Frères de Jésus, des prêtres-ouvriers, des instituts séculiers, etc. En outre, nous sommes devant des laïcs qui ont le souci de se rendre présents et actifs dans [le] monde, tout en contestant un autoritarisme ou un désir de contrôle par la hiérarchie ».[66]

L'Action Catholique était tellement proche de la hiérarchie que les gens en sont arrivés à penser qu'elle était vraiment une « institution cléricale ». Toutes ses structures de gouvernement étaient contrôlées très étroitement par le clergé. Bien que tous ses membres fussent des laïcs, elle n'était pas considérée comme une association de laïcs. Selon Aurelie A. Hagstrom, Professeur Associé de Théologie à Providence College sur Rhode Island:

---

[65] Pour les origines et les objectifs de l'Action Catholique, on peut se référer à H.J. SÁNCHEZ ZARIÑANA, *L'être et la mission du laïc*, 142-150.
[66] H.J. SÁNCHEZ ZARIÑANA, *L'être et la mission du laïc*, 150.

[…] Cette implication était considérée comme 'une participation à l'apostolat de la hiérarchie' et non pas comme un ministère laïc indépendant. Les membres de l'Action Catholique, par exemple, étaient décrits comme étant le 'bras droit de la hiérarchie dans le monde.' Quelque chose qui ressemblait à l'apostolat de laïcs avant le Concile Vatican II devait être organisé, mandaté et contrôlé par le clergé.[67]

L'expression « bras droit de la hiérarchie dans le monde », signifie beaucoup et témoigne du véritable statut juridique de l'Action Catholique. Elle était tellement forte que certains Evêques ne pouvaient pas ériger ou approuver une association qui n'était pas affiliée à l'Action Catholique. Pour survivre dans l'Eglise, certaines associations de fidèles étaient obligées d'adhérer à l'Action Catholique.[68]

Même si le Père Yves Congar, théologien dominicain, appuyait les activités de l'Action Catholique, il faisait remarquer que le caractère laïc n'apparaissait pas fortement dans cette dernière. Pour lui, l'Action

---

[67] A.A. HAGSTROM, *The Emerging Laity*, 16-17. Voici le texte original: "This involvement, however, was considered to be a 'sharing in the apostolate of the hierarchy' and not an independent lay ministry. Members of Catholic Action, for example, were described as the 'right arm of the hierarchy in the world.' Anything resembling the lay apostolate before the Second Vatican Council had to be organised, mandated, and controlled by the clergy." C'est l'auteur qui souligne. Voir aussi E.P. HAHNENBERG, *A Concise Guide*, 101.
[68] Voir H. J. SÁNCHEZ ZARIÑANA, *L'être et la mission du laïc*, 143.

Catholique donnait l'impression de collaborer à la mission de la hiérarchie.

> Le terme 'Action Catholique' fait référence à toute une gamme d'initiatives apostoliques, surtout en Europe continentale et en Amérique Latine dans les années trente et quarante du siècle dernier. Ce qui distingue l'Action Catholique, c'est que c'est un travail dirigé par des laïcs et mené sous les auspices de l'Eglise hiérarchique, avec l'approbation ecclésiastique et un 'mandat.' [...] Le problème théologique ici que Congar[69] reconnaît immédiatement, c'est le danger que l'activité apostolique des laïcs arrivera à être comprise uniquement comme collaboration avec la hiérarchie, et dans ce cas, dit-il, cela impliquera que, sans ce genre d'activité, ils sont purement passifs.[70]

---

[69] Voir P. LAKELAND, *The Liberation of the Laity: In Search of an Accountable Church*, New York, Continuum, 2004, 67-68. Le chapitre 2 de ce livre est intitulé : *The Achievement of Yves Congar*, 49-77. C'est l'auteur qui souligne.

[70] P. LAKELAND, *The Liberation of the Laity*, 67-68. Voici le texte original: "The term 'Catholic Action' refers to a whole range of apostolic endeavors, especially prominent in continental Europe and in Latin America in the thirties and forties of the last century. What distinguishes Catholic Action is that it is lay-led work conducted under the auspices of the hierarchical church, with ecclesiastical sanction and 'mandate.' [...] The theological problem here, which Congar[70] immediately recognizes, is the danger that the apostolic activity of laypeople will come to be understood only as collaboration with the hierarchy, in which case, he says, that will imply that without this particular kind of activity, they are merely passive." C'est l'auteur qui souligne.

Toutefois, le dysfonctionnement interne et les structures de l'Action Catholique la conduisirent à son déclin malgré le soutien papal, spécialement des Papes Pie X et Pie XII. « Certains laïcs se plaignaient que l'Action Catholique était trop rigide, monolithique et 'contrôlée par le clergé' ».[71] Les laïcs étaient en quête d'une plus grande indépendance et d'une plus grande autonomie dans leur apostolat. Le style de l'Action Catholique était manifestement en train de « vieillir ».

> Ainsi, tout au long de ces années de l'après-guerre et jusqu'au Concile, différents secteurs de l'Eglise sont mécontents de l'Action [Catholique], pour les motifs déjà présentés. L'Action [Catholique] commençait à montrer des signes de faiblesse et voyait émerger lentement 'un apostolat plus libre, moins assujetti, plus adapté à ce désir des laïcs de devenir vraiment des chrétiens adultes' et vivant en plénitude l'exercice de leur vie apostolique.[72]

---

[71] E.P. HAHNENBERG, *A Concise Guide*, 101. Voici le texte original: "Some laity complained that Catholic Action was too rigid, monolithic and 'clergy-controlled'." C'est nous qui soulignons. A ce suejt, il y a un point de vue different de P. LAKELAND, *The Liberation of the Laity*, **68-69**: "Catholic Action is an appropriate lay activity, but it is a collaboration with the hierarchical mission, which is not directed toward temporal affairs. [...] Lay Catholics can 'join together in order to form themselves integrally to Christian life' and thus prepare themselves to exercise Christian influence over secular institutions. This step of organization is Catholic Action. But the activities they engage in as professionals in the world are 'intrinsically temporal' and so not Catholic Action, though 'in living continuity with the Church's work'." C'est l'auteur qui souligne.
[72] H.J. SÁNCHEZ ZARIÑANA, *L'être et la mission du laïc*, 145. C'est nous qui soulignons.

A l'époque du Concile Vatican II, l'Action Catholique existait encore à peine. Pourtant, elle était reconnue comme un type d'apostolat de groupe par les Pères Conciliaires (*Apostolicam actuositatem* - *AA* 20). « Après le Concile, l'Action Catholique disparut ainsi que le langage de 'apostolat des laïcs'. A sa place surgit l'expression 'ministère laïc' ».[73]

2. Vers le Concile Vatican II

La période avant le Concile Vatican II était pleine d'enthousiasme et d'une sorte d'agitation autour des associations de fidèles. Il y avait une certaine confusion dans la manière d'intégrer toute la richesse des associations de fidèles dans la mission de l'Eglise. La diversité et la vitesse avec lesquelles de nouvelles associations naissaient était tout simplement déroutant, spécialement pour les autorités de l'Église. Quelque chose devait être fait rapidement et de manière profonde. Il était clair que l'Action Catholique avait échoué.

Une tentative pour combler le vide fut lancée par le Pape Pie XII :

> En 1957 [le Pape Pie XII] définit l'Action Catholique comme une 'coopération à l'apostolat de la hiérarchie.' Il redéfinit également l'Action

---

[73] E.P. HAHNENBERG, *A Concise Guide*, 107. Voici le texte original: "After the Council, Catholic Action all but disappeared - and so did the language of 'lay apostolate'. In its place came in 'lay ministry'." C'est l'auteur qui souligne.

> Catholique pour inclure tous les groupes de laïcs exerçant un apostolat, élargissant ainsi le concept et il comprenait désormais de nombreux groupes qui ne correspondaient pas au moule de trois catégories mentionnées dans [le Code de 1917], c'est-à-dire les tiers ordres, les unions pieuses et les confréries.[74]

Entretemps, des canonistes du monde entier s'engageaient dans la recherche d'une solution durable à la crise dans le domaine des associations de fidèles, y compris des instituts religieux. Ils firent entre autres la proposition suivante qui semblait susciter un certain enthousiasme chez les spécialistes :

> Un canoniste remarquable de cette époque, Mattheo Conte A. Coronata vit qu'il y avait un problème en faisant une distinction entre les sociétés approuvées et celles qui étaient louées par l'autorité ecclésiastique. Il sentait qu'un quatrième type d'associations de fidèles était nécessaire.[75]

---

[74] M. DOLAN, *Partnership in Lay Spirituality*, 64. Voici le texte original: "In 1957 [he] defined Catholic Action as a 'co-operation in the apostolate of the hierarchy'. He also redefined Catholic Action to include all groups through which lay people exercised an apostolate, thus broadening the concept and it now included many groups which did not neatly fit into the mould of the three categories mentioned in the [1917 CIC], i.e. secular third orders, pious unions and confraternities." C'est l'auteur qui souligne.

[75] M. DOLAN, *Partnership in Lay Spirituality*, 64. Voici le texte original: "A noteworthy canonist of the time, Mattheo Conte A. Coronata saw that there was a problem in distinguishing approved societies from those commended by ecclesiastical authority. He felt that there was need for a fourth kind of associations of the faithful."

Finalement, en 1945, la Congrégation Romaine pour les Religieux mit en place une équipe *ad hoc* de cinq canonistes. Ils devaient examiner la question soulevée par Coronata et faire des recommandations. Leurs conclusions aboutirent à la création d'un nouveau corps canonique parmi les associations de fidèles existantes, à savoir « l'institut séculier ». Plusieurs des unions pieuses fondées entre 1790 et 1947 préférèrent rejoindre ce nouveau statut canonique.[76]

Compte tenu de cette situation, une autre question surgit : le droit d'association[77] dans l'Eglise. Les laïcs se demandaient s'il était possible de se réunir et de lancer une association sur leur propre initiative et de la gouverner sans aucune intervention de la part d'une autorité de l'Eglise.

En effet, la révision du Code de 1917 était plus que souhaitée depuis longtemps.[78] Le Deuxième Concile du Vatican allait constituer le plan général du nouveau Code de Droit Canonique tandis que le Code de 1917 devait servir de guide.[79]

---

[76] Voir M. DOLAN, *Partnership in Lay Spirituality*, 64.

[77] Voir R.W. OLIVER, "Canonical Requisites," 222. Oliver conclut en ces termes: "To some it seemed that a consensus was forming, one which held that the ability to establish an association in the Church was not limited exclusively to ecclesiastical authority," 223-224. Pour le soutien au droit d'association, voir Fr.X. WERNZ, *Ius decretalium*, 7 volumes, Rome, Typis Polyglottis Vaticanis, 1901, 3:793.

[78] Voir M. DOLAN, *Partnership in Lay Spirituality*, 64: "As a result of this confusion about associations there was need for reform and clarity. [Therefore] associations became a topic for discussion on the Vatican II agenda (1962-1965)."

[79] Voir J.A. CORIDEN *et al* (eds), *The Code of Canon Law: A Text and Commentary*, New York, Paulist Press, 1982, 6.

3. Les associations de fideles dans le Code de 1983[80] (cc 298-329)

Dans le Code de 1983, la section qui traite des associations de fidèles est située dans la première partie du Livre II (cc 204-329) qui porte sur le Peuple de Dieu (cc 204-746). Le Code aborde la question en trente-deux canons (cc 298-329). Le fait que les associations de fidèles soient traitées sous le titre « Peuple de Dieu », est révélateur du nouvel esprit issu de Vatican II.[81]

La section sur les associations peut être appelée « le cadre canonique établissant le statut juridique des associations de fidèles dans l'Eglise. »[82] Elle détermine ce qui doit être fait et par les associations et par l'autorité ecclésiastique compétente.

La structure de cette section est très simple et pratique. Les quatorze premiers canons (cc 298-311) sont plus généraux en ce qu'ils établissent des normes

---

[80] Le Code de Droit Canonique a été promulgué par le Pape Jean Paul II le 25.01.1983. Il est entré en vigueur le 27.11.1983.

[81] Voir J.P. BEAL, *New Commentary*, 401. Beal commente : "Apart from the fundamental right to associate (*CCEO* 18, which is the same as [canon] 215), the Eastern code deals with associations of the faithful in *eleven canons* (CCEO 573-583) within one title (XIII), compared to the *thirty-two canons* of the Latin code." C'est nous qui soulignons. Le CCEO est le *Code des canons des Eglises Orientales*, promulgué par le Pape Jean Paul II, le 18.10.1990. Il est entré en vigueur le 01.10.1991.

[82] J.P. BEAL, *New Commentary*, 401. Voir aussi CCCB, *Recognition*, 9. En anglais, les Evêques Canadiens emploient le mot *framework* pour signifier *cadre*. C'est l'auteur qui souligne.

communes pour toutes les catégories d'associations. Les neuf canons suivants (cc 312-320) donnent des règles qui régissent spécifiquement les associations publiques. Les canons 321-326 traitent des associations privées. Et enfin, les canons 327-329 donnent certaines normes spéciales pour les associations de laïcs.[83]

Ces canons sur les associations de fidèles découlent juridiquement et logiquement du canon 215[84] portant sur le droit d'association dans l'Eglise. Lesdits canons sont « destinés à régir dans la pratique, l'exercice du droit d'association reconnu par le canon 215. »[85] Libero Gerosa, Recteur de l'Institut Théologique de Lugano en Suisse, l'exprime en ces termes :

> La nouvelle réglementation du Code sur les associations de fidèles ([cc] 298-329) présente dans son intégralité une certaine valeur : elle est solidement ancrée dans le droit constitutionnel de tous les fidèles de s'associer librement pour des fins caritatives ou pieuses, ou simplement pour les aider à grandir dans leur propre vocation chrétienne commune.[86]

---

[83] Voir CCCB, *Recognition,* 9. Voir également L. ECHEVERRIA, *Code de droit canonique annoté*, Traduction et adaptation françaises des commentaires de l'Université Pontificale de Salamanque, Paris, Les Editions du Cerf / Les Editions Tardy, 1989, 214.

[84] Le canon 215 a été placé à dessein dans la section sur les droits et les obligations des fidèles (cc 208-223) puisqu'il est un des droits des fidèles.

[85] J.P. BEAL, *New Commentary,* 399. Voir aussi M. DOLAN, *Partnership in Lay Spirituality*, 65.

[86] L. GEROSA, *Canon Law*, London, Continuum, 2002, 219. Voici le texte original: "The new normative of the Code on the associations of the faithful ([cc] 298-329) presents in its entirety a certain value: its being anchored solidly itself in the constitutional right of all the

En effet, les associations de fidèles rapprochent les membres du Peuple de Dieu[87] qui se mettent ensemble afin de répondre à leur vocation baptismale en participant à la mission de l'Eglise. Leurs activités contribuent à répandre la Bonne Nouvelle dans le monde par leur présence dans les divers domaines de la société humaine.

S'adressant aux délégués des mouvements ecclésiaux et des nouvelles communautés rassemblés à Rome, en 1998, le Pape Jean-Paul II a souligné l'importance des associations de fidèles et de tous les autres types de mouvements en ces termes : « Leur naissance et leur expansion ont apporté à la vie de l'Eglise une nouveauté inattendue qui est parfois même dérangeante. »[88]

1. Le background conciliaire[89]

---

faithful to freely associate for specific charitable or pious purposes, or simply to help them to grow in their own common Christian vocation."

[87] Voir CCCB, *Recognition*, 13. Pour les Evêques Canadiens, "not only can associations of the faithful be exclusive associations of lay persons, religious men, religious women, or clerics, but they can also bring together persons from these various groups as members of one and the same association."

[88] JEAN PAUL II, "This day is the day the Lord has made," in *Osservatore Romano*, Weekly edition in English 22/1544 (03.06.1998) 2. Cité par R. PAGÉ, "Associations of Christ's Faithful," 295.

[89] Voir A.A. HAGSTROM, *The Emerging Laity*, 1. Au sujet des documents conciliaires, Hagstrom dit ceci: "The teachings of Vatican II are still not very well known by Catholics at the grassroots level because the sixteen documents produced by the council are not

Avant d'examiner les associations de fidèles dans le Code de 1983, on devrait jeter un coup d'œil rapide sur le Concile Vatican II dont le Code découle naturellement.

a) La nécessité de réviser les normes sur les associations

En annonçant la convocation d'un concile œcuménique, le 25.01.1959, le Pape Jean XXIII annonçait en même temps la révision du Code de 1917[90] afin de concrétiser les décisions et les recommandations qui seraient formulées par les Pères Conciliaires.

Selon le Pape Paul VI, la révision du Code[91] devait incarner la 'nouvelle façon de penser'

---

exactly beach reading. At times they can be difficult to understand for those who do not have a background in the study of theology and [Church] teaching. While some of the passages of the conciliar documents are certainly inspirational and can cause the spirit to soar, the overall language and style used by the council fathers can be somewhat impenetrable and confusing for non-specialists."

[90] Voir J.A. CORIDEN *et al* (eds), *The Code of Canon Law*, 4.

[91] See R.W. OLIVER, "Canonical Requisites," 228: "There was a general agreement in the *coetus* that the norms of the 1917 code could not be simply amended. The relator, Del Portillo, observed that discipline of the 1917 code on associations had long since been surpassed, especially the typology of three types of associations (third orders, pious unions, and confraternities)." *Communicationes* 2 (1970) 98; 17 (1985) 228). Bien plus, "this typology was soon abandoned as inadequate to describe the increasing diversity found among associations in the Church. The [Code] retained the denomination third order, but no longer as a primary category of associations (cf. [c] 303). The term confraternity is not used, even

(*novus habitus mentis*) du Concile Vatican II. Aussi, le Pape Jean Paul II parlait du Code de Droit Canonique de 1983 comme correspondant pleinement à l'Église telle que voulue par Vatican II.[92]

Avant l'ouverture du Concile Vatican II, ce souci canonique et pastoral était souvent fortement exprimé par un certain nombre d'Evêques et de chercheurs, partout dans le monde. Ils souhaitaient un changement correspondant à une 'nouvelle façon de penser.' Ainsi, « la consultation avant Vatican II manifestait clairement le désir des futurs Pères Conciliaires de traiter du sujet des associations. »[93] En effet,

> Un nombre important d'Evêques constatait que les normes du [CIC] sur les associations n'étaient plus adéquates pour les besoins de l'Eglise et de sa mission dans le monde. Plusieurs demandaient une réorganisation complète de la discipline canonique

---

though confraternities still exist in the Church, mostly in conjunction with some religious orders."

[92] R.W. OLIVER, "Canonical Requisites," 227. Voici le texte original: "According to Pope Paul VI, the revision of the CIC was to embody the 'new way of thinking' (*novus habitus mentis*) of the Second Vatican Council. So, too, Pope John Paul II spoke of the 1983 Code of Canon Law as fully corresponding to the Church as proposed by Vatican II." Oliver ajoute que "the *coetus* On the Laity and Associations of the Faithful was given the particular responsibility of translating the conciliar teaching on associations into canonical language and practice." C'est l'auteur qui souligne.

[93] R.W. OLIVER, "Canonical Requisites," 224. Voir également R.W. OLIVER, "Associations of the Faithful in the Antepreparatory and Preparatory Phases of Vatican II", in *The Jurist* 70 (2010) 89-90. Selon Oliver, "the episcopate of several nations seemed particularly interested in themes concerning associations, a topic they most often grouped with issues regarding the lay faithful in general."

sur les associations et une présentation révisée des fondements théologiques sur lesquels le droit de l'Eglise était fondé. Plusieurs universités manifestaient une préoccupation semblable, notant plus généralement que le [CIC] semblait favoriser 'la passivité chez les laïcs.'[94]

Les canons 684-725 du Code de 1917 sur les associations de fidèles n'étaient plus en mesure de répondre aux besoins de l'Église. Un grand nombre d'associations, fondées après la promulgation du Code de 1917, ne pouvaient rentrer dans aucune des catégories d'associations de fidèles répertoriées dans ledit Code. Les nouveaux défis de l'Eglise avaient besoin de nouvelles solutions. C'est ainsi que l'Esprit Saint inspirait continuellement de nouveaux charismes chez les fidèles.

Ainsi, les associations de fidèles semblaient être « une réponse aux besoins contemporains de l'Église, un véritable signe d'espoir, un remède à ce qu'on a appelé 'une grave division entre la foi et la vie', et un

---

[94] R.W. OLIVER, "Associations of the Faithful in the Antepreparatory," 93. Voici le texte original: "A significant number of bishops observed that the norms of the [CIC] on associations were no longer adequate to the needs of the Church and its mission in the world. Many requested a complete reorganization of the canonical discipline on associations and a revised presentation of the theological foundations upon which the law of the Church was based. Several universities manifested a similar concern, noting more generally that the [CIC] seemed to foster 'passivity among the laity'."C'est nous qui soulignons.

phénomène important qui devrait être promu par le Concile ».[95]

Vatican II allait apporter le changement nécessaire en inspirant la révision du Code de 1917 en général et en se penchant particulièrement et profondément sur le problème des associations. Partant, « le Concile Vatican II fut appelé 'une nouvelle Pentecôte' dans la vie de [l'Église]. »[96]

b) La relation entre Vatican II et le Code de 1983 sur les associations

La relation entre le Code de 1983 et le Concile Vatican II a été démontrée par un certain nombre d'auteurs qui considèrent le Code de 1983 comme le document final du Concile. James A. Coriden, Professeur du Droit de l'Eglise au Washington Theological Union, s'exprime à ce sujet en ces termes:

> [...] [Le concile] régit le Code et pas l'inverse. Pour comprendre correctement les canons, il faut chercher leur sens selon leurs sources, les documents du [Concile]. Ces enseignements

---

[95] R.W. OLIVER, "Associations of the Faithful in the Antepreparatory," 89. C'est l'auteur qui souligne. D'après Oliver, "division of faith and life" se référait à la séparation entre les exigeances de la foi chrétienne et la conduite quotidienne de plusieurs fidèles. Le Pape Paul VI employa une phrase semblable en 1975 dans *Evangelii nuntiandi*, 20. Oliver ajoute que "in the words of one of the future presidents of the council, Cardinal Joseph Frings, associations were of 'great moment' for the Church." C'est l'auteur qui souligne.
[96] A. HAGSTROM, *The Emerging Laity*, 11. C'est l'auteur qui souligne.

conciliaires règlent et guident l'interprétation des canons. Il est vrai de dire que le Code de Droit Canonique est le fruit du Deuxième Concile du Vatican, le 'document final' du [Concile]. Cela signifie que les canons du Code doivent être lus à la lumière des constitutions et décrets du [Concile] qui leur ont permis de voir le jour.[97]

En effet, chaque fois que les Pères Conciliaires rencontraient des problèmes juridiques spécifiques pendant les sessions du Concile, ils les transféraient à la commission de révision du Code de 1917.[98]

La relation étroite entre le Code de 1983 et le Concile Vatican II est plus évidente dans certains documents conciliaires que dans d'autres. Les chercheurs conviennent que, outre le décret *Apostolicam actuositatem*,[99] on peut également trouver l'enseignement

---

[97] J.A. CORIDEN, *An Introduction*, 41. Voici le texte original: "[...] The council governs the Code, and not the other way around. To understand the canons properly, one must seek their meaning in their sources, the documents of the council. Those conciliar teachings rule and guide the interpretation of the canons. It is true to say that the Code of Canon Law is the fruit of the Second Vatican Council, the council's 'final document.' This means that the canons of the Code must be read in the light of the constitutions and decrees of the council which gave rise to them." C'est l'auteur qui souligne. Pour plus d'informations, on peut lire toute la section, 40-41. Voir aussi A. MATENKADI, *Code de droit canonique*, 19. C'est l'auteur qui souligne.
[98] Voir R.W. OLIVER, "Associations of the Faithful during the Conciliar Phase," 438.
[99] *Apostolicam actuositatem*, Décret conciliaire sur l'apostolat des laïcs, promulgué par le Pape Paul VI le 18.11.1965. Ci-après dénommé *AA*.

conciliaire sur l'apostolat des fidèles dans *Lumen gentium*[100] et *Gaudium et spes*.[101]

Selon ces trois documents, les associations sont quelques-uns des moyens par lesquels les fidèles accomplissent leur vocation chrétienne dans l'Eglise et dans le monde.

1° Dans le décret *Apostolicam actuositatem*

Oliver fait remarquer ce que :

> Parmi les enseignements conciliaires les plus importants contenus dans *Apostolicam actuositatem* se trouve l'affirmation du caractère ecclésial des associations créées et dirigées par des fidèles, un enseignement qui a donné un nouvel élan à la grande éclosion des associations dans l'Église au cours du XXème siècle.[102]

Les Pères Conciliaires étaient conscients de l'impact des associations de fidèles sur la mission de l'Eglise :

> Le très saint concile recommande vivement ces associations, qui certainement répondent aux besoins de l'apostolat de l'Eglise auprès de

---

[100] *Lumen gentium*, Constitution dogmatique sur l'Eglise, promulguée par le Pape Paul VI le 21.11.1964. Ci-après dénommée *LG*.

[101] *Gaudium et spes*, Constitution pastorale sur l'Eglise dans le monde de ce temps, promulguée par le Pape Paul VI le 07.12.1965. Ci-après dénommée *GS*.

[102] R.W. OLIVER, "Associations of the Faithful during the Conciliar Phase of Vatican II," in *The Jurist* 70 (2010) 452. Voir aussi M. DOLAN, *Partnership in Lay Spirituality*, 65.

nombreux peuples et pays et invite le clergé et les laïcs qui y travaillent à développer les caractéristiques susmentionnées dans une mesure toujours plus grande et de coopérer en tout temps, avec toutes les autres formes d'apostolat de manière fraternelle dans l'Église (*AA* 20).

Dans le décret sur l'apostolat des laïcs, les Pères Conciliaires déclarent que les associations de fidèles sont un vrai « signe de la communion et de l'unité de l'Eglise » (*AA* 18); « elles sont un moyen efficace grâce auquel les gens unissent leur volonté et leurs énergies pour atteindre des objectifs communs, et les fidèles qui forment des associations répondent au don qu'ils ont reçu au baptême. »[103]

En ce qui concerne les types d'associations de fidèles, le décret conciliaire souligne les faits suivants, qui ont certainement inspiré les canons 312-329 du Code de 1983 :

Il existe une grande variété dans les associations d'apostolat. Les unes se proposent d'atteindre le but apostolique général de l'Église ; d'autres des buts d'évangélisation et de sanctification envisagés sous un angle particulier ; d'autres visent à l'animation chrétienne de l'ordre temporel ; d'autres rendent témoignage au Christ plus spécialement par les œuvres de miséricorde et de charité. Parmi ces groupements, il faut en premier lieu considérer ceux qui favorisent et mettent en

---

[103] R.W. OLIVER "Associations of the Faithful during", 226.

valeur une union plus intime entre la vie concrète de leurs membres et leur foi. (*AA* 19).[104]

La position claire et le langage d'*Apostolicam actuositatem* ont aidé la commission de révision du Code de 1917 au sujet des associations de fidèles.

2° Dans la constitution *Gaudium et spes*

La constitution pastorale sur l'Église dans le monde de ce temps aurait été incomplète si elle n'avait pas abordé la question des associations de fidèles. Etant le dernier document à être promulgué, elle a construit sur ce qui avait déjà été dit dans les autres documents.[105]

Gaudium et spes est l'une des sources du canon 215 du Code de 1983 sur le droit d'association. Il affirme le caractère social de l'être humain de s'unir naturellement avec d'autres afin d'atteindre des objectifs communs :

> La Bible, en effet, enseigne que l'homme a été créé 'à l'image de Dieu' […]. Mais Dieu n'a pas créé 'l'homme solitaire', car dès l'origine, il les créa 'homme et femme' […]. Cette société de l'homme et de la femme est 'l'expression première de la communion des personnes'. Car l'homme, de par

---

[104] Pour plus d'informations sur la manière dont le Concile a abordé la question des associations de fidèles dans le Décret sur l'apostolat des laïcs, voir *AA* 18 qui porte sur "apostolat de groupe"; *AA* 20, 21, 24. Voir aussi L. GEROSA, *Canon Law*, 214; et M. CASEY, "Associations of Christ's Faithful," 82.

[105] Voir M. SULLIVAN, *The Road to Vatican II. Key Changes in Theology*, New York, Paulist Press, 2007, 77.

sa nature profonde, est 'un être social', et, 'sans relations avec autrui', il ne peut vivre ni épanouir ses qualités.[106]

Les associations de fidèles ont le devoir de transformer le monde moderne, de le sortir de ses difficultés actuelles vers un monde meilleur régi par la volonté de Dieu. Ceci ne peut être fait que grâce à l'unité de tous les fidèles, en particulier ceux qui vivent et travaillent dans le monde.[107]

3°   Dans la constitution Lumen gentium

Une des idées novatrices du Concile Vatican II se trouve dans la constitution dogmatique sur l'Eglise, *Lumen gentium :* le « peuple de Dieu », composé de tous les êtres humains incorporés au Christ par le baptême.

Cette nouvelle façon de penser l'Eglise a également placé les droits et les obligations des fidèles dans le Livre II portant sur le peuple de Dieu (cc 208-223). Le droit d'association dans l'Eglise se trouve aussi dans cette section. Selon le Concile,

> Dieu […] ne rend pas les hommes saints ni ne les sauve simplement comme individus sans lien, les uns avec les autres. Mais plutôt il Lui a plu de les regrouper en un seul peuple, un peuple qui Le reconnaît en vérité et Le sert dans la sainteté. Il a

---

[106] C'est nous qui soulignons.
[107] Voir *GS* 3; *GS* 40-45 sur le rôle de l'Eglise dans le monde ; *GS* 63-72 sur les défis sociaux et économiques que le monde affronte; *GS* 73-76 sur la vie de la communauté politique.

donc choisi la race d'Israël comme son propre peuple. [...] Le Christ a institué cette nouvelle alliance, le nouveau testament, [...] appelant ensemble un peuple composé de Juifs et de gentils, faisant d'eux un. [...] Ce dernier devait être le nouveau Peuple de Dieu (*LG* 9).

Par conséquent, la mission de l'Eglise n'est plus l'affaire de quelques fidèles. Tous sont appelés à participer à cette mission. De plus, toutes les associations de fidèles doivent être « apostoliques »[108] en vue de partager la triple mission confiée aux Apôtres par Jésus Christ lui-même.

Le Code de 1983 a traduit l'enseignement du Concile en langage juridique. C'est ainsi que « l'Eglise tout entière sera responsable de la réception vivante de ce qui a été vécu, discuté, disputé, conclu, exprimé »,[109] lors du Deuxième Concile du Vatican, en relation avec les associations de fidèles et leur importance dans l'Eglise et dans le monde.

2. Les droits des fidèles en général (cc 208-231)

Conformément aux canons 208-223 du Code de 1983, tous les fidèles partagent les mêmes droits et obligations qui découlent de l'égalité fondamentale de tous les fidèles (c 208):

---

[108] Voir JEAN PAUL II, Exhortation post-synodale *Christifideles laici*, 30, in *AAS* 81 (1989) 393-521, sur les critères d'ecclésialité des groupes laïcs.
[109] H.J. SÁNCHEZ ZARIÑANA, *L'être et la mission du laïc*, 211.

> En parlant des droits des fidèles, il ne faut jamais perdre de vue que le terme « fidèle » recouvre, dans le droit en vigueur, tous ceux qui sont baptisés. Ces fidèles sont répartis en trois catégories, dont la troisième recoupe les deux autres : les clercs, les laïcs et les religieux. Les droits et obligations des fidèles du Christ n'appartiennent donc pas exclusivement à une catégorie, par ex. aux laïcs, mais transcendent tous ces clivages.[110]

Le présent travail de recherche porte uniquement sur les droits des fidèles en général, et en particulier sur leur droit d'association (c 215). Il ne sera malheureusement pas possible de traiter ici de tous les droits des fidèles, car même le Code de 1983 ne traite pas de tous les droits des êtres humains.[111]

Normalement, les canonistes distinguent trois catégories de droits : les droits fondamentaux des êtres humains créés à l'image de Dieu; les droits fondamentaux des chrétiens au sein de l'Église qui ont leur source dans le baptême et les droits positifs découlant de leur citoyenneté.[112]

CONCLUSION

---

[110] R. JACQUES, « Les droits et devoirs des fidèles : aperçus historiques », in *Studia canonica* 38 (2004) 459. C'est l'auteur qui souligne.
[111] Voir R. JACQUES, « Les droits et devoirs des fidèles », 458.
[112] Voir R. JACQUES, « Les droits et devoirs des fidèles », 458.

Le droit de l'Eglise a évolué depuis le Concile de Trente. Pendant plus de cinquante ans, le Code de 1917 était la seule référence juridique réglementant les associations de fidèles dans l'Eglise. Toutefois, en raison des mutations rapides dans le monde, les normes sur les associations de fidèles devaient être mises à jour à la suite du nouvel esprit de Vatican II.

Le Code de 1983 a fourni des normes sur les associations de fidèles. Plus spécifiquement, le canon 215 peut être considéré comme le point de départ d'une nouvelle ère dans le domaine des droits dans l'Église.

Au chapitre suivant, on va se pencher sur un droit spécifique des fidèles, à savoir le droit d'association (c 215). On va y examiner certains canons relatifs aux associations de fidèles et leur mission dans l'Eglise.

CHAPITRE DEUXIEME : LE DROIT D'ASSOCIATION ET LES ASSOCIATIONS DE LAICS DANS LE CODE DE 1983

INTRODUCTION

La promulgation du Code de 1983 a inauguré une nouvelle ère dans l'histoire et la compréhension des associations de fidèles. La législation sur les associations dans l'Eglise a mis en place une série de normes destinées à mettre fin à la confusion entre les associations du clergé et des associations de laïcs.

Dans ce chapitre, une attention particulière sera accordée aux associations fondées et dirigées par les laïcs après un bref coup d'œil sur les canons relatifs aux droits de tous les fidèles (cc 208-223), en particulier les droits des fidèles laïcs (cc 224-231).

1. LES DROITS DE TOUS LES FIDELES (CC 208-223)

Avant que les fidèles ne jouissent de droits dans l'Église, ils doivent recevoir le baptême et être en pleine communion avec l'Eglise (c 96). En outre, le bien commun doit être pris en compte dans la jouissance des droits tel que le stipule le Code de 1983 (c 223).

1. LE BAPTEME ET LA COMMUNION

Selon le canon 96,

> Par 'le baptême', un être humain est incorporé à l'Église du Christ et y est constitué comme personne avec les obligations et les droits qui sont propres aux chrétiens, toutefois selon leur condition, pour autant qu'ils sont dans 'la communion de l'Église' et pourvu qu'aucune sanction légitimement portée n'y fasse obstacle.[113]

Bien que la loi lie volontairement le baptême et la communion avec l'Eglise, ce ne sont pas tous les baptisés qui sont sujets de droits et d'obligations dans l'Eglise. En fait, parce que « les canons de ce Code de 1983 regardent uniquement l'Eglise Latine » (c 1), ils concernent seulement ceux qui sont en pleine communion avec l'Eglise.

---

[113] C'est nous qui soulignons. Voir aussi le commentaire de J.A. CORIDEN, *An Introduction*, 60: "Persons who are baptized and in communion with the Roman Catholic Church are the subjects of rights and obligations in this community. In other words, they have juridic[al] personhood, official standing in the [Church's] system of rules." Voir également P. VALDRINI, *Droit canonique*, 28; J.P. BEAL, *New Commentary*, 246; et P. VERE & M. TRUEMAN, *Surprised by Canon Law. 150 Questions Catholics Ask about Canon Law*, Cincinnati, St Anthony Messenger Press, 2004, 11-12. Toutefois, la condition d'une personne peut restreindre la jouissance de ses droits dans l'Église, en fonction de l'âge (cc 97-98), de la capacité mentale (c 99), de la résidence (cc 100-107, 209, § 2); et des ordres sacrés (cc 207, 273-289, 1008).

> Ce lien indique que la base fondamentale pour la compréhension et l'interprétation des droits et des obligations des fidèles (y compris ceux qui sont énumérés dans le présent titre, ainsi que d'autres exprimés ailleurs) c'est la *communio, la* relation entre l'individu et Dieu, relation qui trouve une manifestation visible dans l'incorporation de la personne au Christ et la communauté de foi à travers le sacrement de baptême.[114]

Dès lors que « être 'en communion' avec [l'Église] est une très ancienne façon de dire qu'on appartient à [l'Église] et qu'on est accepté comme membre »,[115] le canon 205 est encore plus précis et « offre les critères de base pour déterminer, au for externe, quelles personnes vivent en 'pleine communion' avec l'Église Catholique »: [116]

> Sont pleinement dans la communion de l'Église catholique sur cette terre les baptisés qui sont unis au Christ dans l'ensemble visible de cette Église,

---

[114] J.P. BEAL, *New Commentary*, 254. Voici le texte original: "This connection indicates that the fundamental basis for understanding and interpreting the rights and duties of the faithful (including those listed in this title as well as others expressed elsewhere) is *communio,* the relationship between the individual and God which finds visible manifestation in the person's incorporation into Christ and the community of faith through the sacrament of baptism." C'est l'auteur qui souligne.
[115] J.A. CORIDEN, *An Introduction*, 59.
[116] J.P. BEAL, *New Commentary*, 248. C'est l'auteur qui souligne.

par les liens de la profession de foi, des sacrements et du gouvernement ecclésiastique.[117]

Il est clair que ceux qui ne sont pas en pleine communion avec l'Église sont exclus de la jouissance des droits dans l'Eglise Catholique[118] comme ceux qui ont été validement baptisés dans une autre église ou dans une communauté ecclésiale non catholique.[119] Sont concernés aussi ceux qui sont sous une sanction légitimement émise (c 96).[120]

2. LE BIEN COMMUN DE L'EGLISE

---

[117] Voir le commentaire de J.A. CORIDEN, *An Introduction,* 59. Voir aussi J.P. BEAL, *New Commentary,* 248; et A. MATENKADI, *Code de droit canonique,* 20.

[118] Une exception se trouve dans le canon 1476 : « Toute personne, baptisée ou non, peut agir en justice. »

[119] Voir P. VALDRINI, *Droit canonique,* 28. Voir également A. MATENKADI, *Code de droit canonique,* 20. Dans la situation congolaise, Matenkadi exclut de la jouissance des droits dans l'Eglise Catholique tous les membres des sectes et autres communautés chrétiennes parce qu'ils ne partagent pas les trois conditions énumérées par le canon 205.

[120] Voir P. VALDRINI, *Droit canonique,* 29. Valdrini explique que ceux qui ont été trouvés coupables contre l'unité de l'Église, sont frappés d'excommunication. Par ce fait même, ils ne sont plus en communion avec l'Eglise.

Un autre critère pour jouir de droits dans l'Eglise est ce que le Code de 1983 appelle le « bien commun ».[121] Selon le canon 223 § 1 :

> Dans l'exercice de leurs droits, les fidèles, tant individuellement que groupés en associations, doivent tenir compte du bien commun de l'Église, ainsi que des droits des autres et des devoirs qu'ils ont envers eux.

L'Eglise considère ces critères comme importants d'autant plus que l'exercice des droits ne devrait pas nuire aux intérêts de l'Eglise universelle ou à la dignité d'aucun être humain.[122] Valdrini ajoute :

> Le bien commun dont parle le [canon] 223 est une réalité qui s'intègre dans tout le droit canonique comme une dynamique ayant pour but de garantir la communion de l'Eglise et de réaliser les conditions de l'édification du Corps du Christ dont parle le [canon] 208.[123]

Valdrini considère l'expression « bien commun » dans un sens plus juridique et donc plus approprié que le

---

[121] La Déclaration conciliaire sur la liberté religieuse, *Dignitatis humanae* 6, promulguée par le Pape Paul VI le 12.07.1965, définit le *bien commun* comme « un ensemble des conditions de vie sociale permettant à l'homme de parvenir plus pleinement et plus aisément à sa propre perfection. » Voir aussi *GS* 26.
[122] Pour plus d'informations, voir J.P. BEAL, *New Commentary*, 285.
[123] P. VALDRINI, *Droit canonique,* 46.

terme « communion »[124] car la communion fait partie du bien commun de l'Eglise.

Selon le canon 223 § 2, « en considération du bien commun, il revient à l'autorité ecclésiastique de régler l'exercice des droits propres aux fidèles. » Cependant, en réglementant l'exercice des droits de l'homme dans l'Eglise, les autorités devraient ne jamais oublier que, comme société organisée, l'Église doit s'acquitter de la mission qui lui a été confiée par le Christ. Cela devrait permettre de déterminer le contexte de toute discussion sur les droits.[125] « [...] Toute activité ecclésiale, y compris l'exercice [des obligations] et des droits, doit être considérée en termes de sa promotion de l'objectif de salut et de la mission de l'Eglise. »[126] Toutes ces exigences sont conçues pour faciliter l'exercice des droits dans l'Église.

Les seize canons qui traitent des droits et des obligations de tous les fidèles, indépendamment de leur statut dans l'Église, sont à lier aux exigences de la jouissance des droits.

---

[124] Voir P. VALDRINI, *Droit canonique,* 46.

[125] Voir J.P. BEAL, *New Commentary*, 255. Pour plus d'informations sur cette question, on pourrait se reporter à *LG* 8 et aux canons 204 & 1752. Le salut des âmes doit toujours être la loi suprême de l'Église (c 1752). C'est cela la mission de l'Eglise exprimée plus intensément au canon 204 § 1. Selon *LG* 8, « le Christ a été envoyé par le Père 'pour porter la bonne nouvelle aux pauvres, guérir les cœurs meurtris' [...], 'chercher et sauver ce qui était perdu' [...]: de même l'Église enveloppe de son amour ceux que l'infirmité humaine afflige, bien plus, dans les pauvres et les souffrants, elle reconnaît l'image de son fondateur pauvre et souffrant, elle s'efforce de soulager leur misère et en eux c'est le Christ qu'elle veut servir. »

[126] J.P. BEAL, *New Commentary*, 255.

Le premier principe énonce le fondement de tous les droits énumérés dans le Code de 1983 :[127] « entre tous les fidèles, du fait de leur régénération dans le Christ, il existe quant à la dignité et à l'activité, une véritable égalité en vertu de laquelle tous coopèrent à l'édification du Corps du Christ, selon la condition et la fonction propres de chacun » (c 208).[128]

On pourrait objecter que, malgré l'intention claire du canon, « la condition et la fonction propres de quelqu'un » introduisent une sorte d'inégalité, ou un résidu d'une certaine discrimination historique dans l'Eglise. Cependant, l'intention du canon est d'indiquer que l'égalité ne signifie pas uniformité. Tous les fidèles n'ont pas les mêmes compétences, les mêmes responsabilités ni la même formation. J.P. Beal clarifie la question en ces termes :

> […] Le canon [208] affirme […] que cette participation n'est pas univoque mais diffère plutôt 'en fonction de la condition et de la fonction propres d'un chacun.' Cette phrase se réfère à la diversité existant concrètement au sein du peuple de Dieu; il existe des différences dans les moyens

---

[127] Le premier, le sixième et le septième principes pour la révision du Code concernent tous les droits et les obligations des fidèles. Voir aussi J.A. CORIDEN, *An Introduction*, 39-40 and J.P. DOSS, "Freedom of Enquiry and Expression of Christifideles ? Some Juridical Considerations Starting from Canon 218", in *Studia Canonica* 44 (2010) 55.

[128] Voir P. VALDRINI, *Droit canonique,* 40. Valdrini préfère le verbe *coopérer*. Selon lui, la participation commune des fidèles à l'apostolat est présentée par le canon 208 comme une coopération à l'édification du Corps du Christ, qui, au sens large, signifie la participation à la mission de l'Eglise.

par lesquels les individus particuliers participent à la mission de l'Eglise; différents niveaux de responsabilité existent. Tous les fidèles partagent un seul baptême, mais leur participation à la triple fonction (*munera*) du Christ diffère en fonction de la diversité des vocations et des charismes dans l'Eglise ainsi que 'la condition' spécifique de quelqu'un.[129]

Le Code de 1983 élabore les droits et les obligations à partir de « l'égalité radicale entre tous les fidèles, [égalité qui] est la base du statut juridique commun. »[130]

D'après Doss, « l'égalité [...] est le tremplin des droits et des obligations des fidèles »[131] et c'est cette égalité entre tous les fidèles qui sous-tend l'ecclésiologie du Concile dans *Lumen gentium*. Tous les

---

[129] J.P. BEAL, *New Commentary*, 258-259. Voici le texte original: "[...] The canon [208] then states that this participation is not univocal but rather differs 'according to each one's own condition and function.' This phrase refers to the diversity concretely existing among the people of God; differences exist in the means by which particular individuals participate in the Church's mission; different levels of responsibility exist. All the faithful share in one baptism, but their participation in the triple functions (*munera*) of Christ differs according to the diversity of vocations and charisms in the Church as well as an individual's specific 'condition'." C'est l'auteur qui souligne. Voir également D. Le TOURNEAU, *Le droit canonique*, Paris, Presses Universitaires de France, 2002, 31.
[130] J.P. DOSS, "Freedom of Enquiry," 57.
[131] J.P. DOSS, "Freedom of Enquiry," 57. Voir aussi R. LATOURELLE (ed), *Vatican II: Assessment and Perspectives: Twenty-Five Years After (1962-1987)*, volume 1, New York, Paulist Press, 1988, 553-554. Latourelle a fini par se rendre compte que c'est sur base de ce principe d'égalité que les libertés des *Christifideles* sont greffées.

fidèles sont membres du Peuple de Dieu et partagent la triple fonction du Christ (c 204 § 1).

> C'est la reconnaissance de ce principe d'égalité au sein du peuple de Dieu qui change la notion de droits dans l'Eglise, à partir du concept de privilège et de concession à celui qui a des racines beaucoup plus profondes qu'un système juridique et plus fondamentales que l'organisation canonique.[132]

Les canons 208-223 réglementent l'engagement des fidèles chaque fois que leur action est nécessaire dans l'Eglise et dans le monde. Ils constituent la référence juridique qui permet aux fidèles de coopérer à la gouvernance de l'Église (c 129 § 2), de participer à l'apostolat de l'Eglise (c 211), de revendiquer et de défendre leurs droits auprès d'une cour de l'Eglise (cc 221 § 1 et 1476).

Le Pape Jean-Paul II décrit la section sur les droits et obligations des fidèles comme étant « la nouveauté du nouveau Code »[133] et une « charte fondamentale ».[134] En effet, elle peut être considérée comme

---

[132] J.H. PROVOST, "The Nature of Rights in the Church," in *CLSA Proceedings* 53 (1991) 7. Cité par J.P. DOSS, *Freedom of Enquiry*, 57.

[133] JEAN PAUL II, Constitution apostolique *Sacra disciplinæ leges*, 25.01.1983, in *AAS* 75/II (1983) vii-xiv. Cité par J.P. DOSS, "Freedom of Enquiry," 57.

[134] JEAN PAUL II, Allocution *Sono vivamente grato*, 26.02.1983, in *AAS* 75/I (1983) 556. Voir aussi J.A. CORIDEN, *An Introduction*, 60. Coriden parle d'un projet de loi sur les droits et les obligations des fidèles. Doss parle lui aussi d'un projet de loi sur les droits: J.P. DOSS, "Freedom of Enquiry," 55.

> Une sorte de Constitution des fidèles. Puisque [les canons 208-223] sont enracinés dans la condition ontologique même des fidèles; chacun des droits et des obligations des fidèles peut véritablement être considéré comme la base de l'interprétation de l'ensemble du système canonique.[135]

L'idée de « charte » décrit adéquatement ces canons. En effet, comme l'a dit le Pape Jean-Paul II, « pour la première fois dans l'histoire du droit canonique, le Code de 1983 présente une liste des droits et obligations de tous les membres [de l'Église], les laïcs aussi bien que les ministres. »[136] Cette nouveauté est l'un des héritages du Concile Vatican II, parce que

> Ce fut le Deuxième Concile du Vatican qui définit clairement les divers droits et obligations des fidèles avec de nombreuses références. Ainsi, le Deuxième Concile du Vatican peut véritablement être considéré comme le 'digne précurseur et annonciateur des droits des fidèles'.[137]

---

[135] J.P. DOSS, "Freedom of Enquiry," 57-58. Voici le texte original: "A sort of Constitution of the faithful. Since they [canons 208-223] are rooted in the ontological condition itself of the Christian faithful; each of the duties and rights of the faithful can truly be considered as the basis of interpretation of whole canonical system." Voir aussi CCCB, *Recognition*, 7, où les Evêques Canadiens affirment que "the prescriptions contained in the new Code ([canons] 208-223) directly or indirectly are practically what could be called the Charter of Obligations and Rights of the faithful in the Church."

[136] J.A. CORIDEN, *An Introduction*, 60.

[137] J.P. DOSS, "Freedom of Enquiry," 55. Voici le texte original: "It was the Second Vatican Council that articulated clearly the various rights and duties of the faithful with ample references. Thus, the

Bien sûr, « l'Église a toujours affirmé et défendu les droits des fidèles ».[138] Néanmoins, la nouveauté réside dans le fait que le Code de 1983 a codifié ces droits et obligations et les a intégrés dans le droit de l'Eglise. Une autre nouveauté est le fait que, contrairement au Code de 1917, tous les fidèles, les clercs ainsi que les laïcs, ont les mêmes droits clairement exprimés.[139]

Le canon 682 du Code de 1917 stipulait que « [les laïcs] ont le droit de recevoir du clergé, conformément aux règles de la discipline ecclésiastique, les biens spirituels et spécialement les secours nécessaires au salut. » Ceci laissait entendre que c'était tout ce qu'ils avaient comme droits dans le système canonique d'alors:[140] « être guidés et enseignés » et le devoir « d'obéir, de prier et de payer. »[141]

Second Vatican Council can truly be considered the 'worthy precursor and harbinger of the rights of the Christian faithful'." C'est nous qui soulignons.

[138] JEAN PAUL II, Allocution *Sono vivamente grato,* 556; JEAN PAUL II, "Discorso a studiosi del Diritto Canonico," in *Communicationes* 15 (1983) 19. Cité par J.P. DOSS, "Freedom of Enquiry," 55.

[139] Voir A.A. HAGSTROM, *The Emerging Laity*, 15.

[140] L'obligation pendante sur ce droit était exprimée par le canon 683 comme suit: « Il n'est pas permis aux laïcs de porter l'habit clérical, à moins qu'il ne s'agisse des élèves des séminaires et des autres aspirants aux ordres dont il est question au Can. 972 § 2 ou des [laïcs] régulièrement attachés au service d'une église, pendant qu'ils sont à l'intérieur de l'église, ou au dehors lorsqu'ils participent à quelque fonction ecclésiastique. »

[141] Voir M. SULLIVAN, *The Road to Vatican* II, 75 ; IDEM, 69. Ici l'auteur cite le Pape Pie X en ce qui concerne la situation des laïcs au tout début du 20ème siècle: "In the hierarchy alone reside the power and authority necessary to move and direct all the members of the society to its end. As to the many (the laity) they have no other right

J.A. Coriden compile les droits disséminés dans les canons 208-223 en quinze.[142] Bien que tous soient importants pour tous les fidèles, les trois suivants sont réellement pertinents pour la présente étude des associations de fidèles : le droit d'évangéliser les nations (c 211); le droit de se réunir, de fonder et de diriger des associations pour des fins religieuses ou de bienfaisance (c 215); ainsi que le droit d'initier, de promouvoir et de soutenir des activités apostoliques (c 216).

Le droit d'évangéliser les nations, d'initier, de promouvoir et de soutenir des activités apostoliques dérive du baptême et de la confirmation qui font des fidèles les participants aux fonctions sacerdotale, prophétique et royale du Christ. C'est ainsi qu'ils sont appelés à exercer dans le monde la mission que Dieu a confiée à l'Eglise (c 204 § 1). Non seulement ils ont le droit de le faire, mais le canon 211 énonce clairement qu'ils en ont aussi l'obligation.[143] En outre, les fidèles se regroupent en associations afin de réaliser leur vocation

---

than to let themselves be guided and so follow their pastors in docility." Voir aussi A.A. HAGSTROM, *The Emerging Laity*, 15; et T. HANNA, *With Respect*, 8.

[142] J.A. CORIDEN, *An Introduction*, 60-61. Voir également IDEM, *Canon Law As Ministry: Freedom and Good Order for the Church*, New York, Paulist Press, 2000, 96-97. Coriden résume toutes les obligations des fidèles en huit points ; voir IDEM, *An Introduction*, 62.

[143] Pour plus d'informations, voir JEAN PAUL II, *Christifideles laici* 51; J.P. BEAL, *New Commentary*, 245-246; E.P. HAHNENBERG, *A Concise Guide*, 102; M. SULLIVAN, *The Road to Vatican II*, 80; A.A. HAGSTROM, *The Emerging Laity*, 15; et P. VALDRINI, *Droit canonique*, 40.

baptismale pas comme individus, mais comme partie du Peuple de Dieu (c 225 § 1).

Malheureusement, la majorité du peuple de Dieu est ignorante de ces droits. Selon Coriden, « [ces droits] restent largement inconnus. [Ils] n'ont toujours pas été largement reconnus, et les moyens pour les faire valoir ou les défendre manquent pour la plupart. Ils représentent un objectif du Code non réalisé ».[144] Ceci demeure un énorme défi pour l'Eglise.

Outre les droits et obligations de tous les fidèles, l'Eglise reconnaît qu'il existe des droits spécifiques dont jouissent les laïcs. D'une manière particulière, ces derniers mettent en application le contenu du canon 215 en se regroupant en associations qui participent activement à l'apostolat de l'Église.

2. LES DROITS DES FIDELES LAÏCS (CC 224-231)

Les canons 224-231 sont spécifiquement consacrés aux droits et obligations des laïcs dans l'Eglise. Huit canons sur un total de 1752 peuvent sembler insuffisants. Ce qui est essentiel c'est qu'ils sont prévus et reconnaissent l'importance des laïcs. Ce qui n'était pas le cas dans le Code de 1917. Encore une fois, ceci est un des

---

[144] J.A. CORIDEN, *An Introduction*, 62. Voici le texte original: "[These rights] remain largely unknown. [They] have still not been widely recognized and the means for vindicating or defending them are, for the most part, lacking. They represent an unrealized goal of the Code."

acquis du Concile Vatican II.[145] Le Code décrit l'Église comme « peuple de Dieu » où tous les baptisés ont les mêmes droits et les mêmes obligations (c 208). D'après Edward P. Hahnenberg, Professeur Assistant de Théologie à Xavier University de Cincinnati,

> En plaçant les laïcs comme question majeure à l'ordre du jour, le Pape Jean XXIII plaça Vatican II en dehors de tous les conciles précédents. [L'Eglise Catholique] a assisté à la 'renaissance des laïcs' au cours des décennies qui ont précédé Vatican II.[146]

Les laïcs font partie de « tous les fidèles », dont les obligations et les droits sont énumérés dans les canons 208-223. Mais étant donné qu'ils représentent la grande majorité du peuple de Dieu, leur importance est mise en évidence par l'ajout d'une série d'obligations et de droits

---

[145] Voir A.A. HAGSTROM, *The Emerging Laity,* 11-12. Selon Hagstrom, "the 'wind and fire' of this new Pentecost has been experienced most keenly, perhaps, by the lay faithful in the [Church]. Prior to Vatican II, the laity had not been the specific subject of conciliar teaching for four hundred years – since the Council of Trent. This renewed teaching on the laity has produced numerous publications, conferences, debates, and discussions concerning the vocation and mission of the laity." Voir aussi M. SULLIVAN, *The Road to Vatican II*, 70. Sullivan a réalisé que "Vatican II was the first ecumenical council in the history of the [Church] to deal with the topic of the laity. In fact, the term 'layman' occurs 206 times in the council's documents, and all the references are favorable." C'est l'auteur qui souligne.

[146] E.P. HAHNENBERG, *A Concise Guide*, 101. Voici le texte original: "By placing the laity as a major issue on the agenda, Pope John XXIII set Vatican II apart from all previous councils. [The Catholic Church] witnessed a 'rebirth of the laity' in the decades leading up to Vatican II."

propres à leur état de vie.[147] Leurs droits et obligations sont principalement axés sur leur vocation dans le monde et leur mission dans l'Eglise.[148]

Le Code de 1983 énumère sept droits consacrés aux fidèles laïcs:[149] le droit d'œuvrer pour que le message divin du salut soit connu et accepté par tous les hommes (c 225); le droit au mariage et à la vie de famille (c 226); le droit à la protection des libertés civiles comme tous les citoyens dans les affaires de la cité terrestre (c 227); le droit d'occuper des postes et des fonctions s'ils en sont jugés aptes (c 228); le droit d'acquérir une formation théologique (c 229); le droit d'exercer certains ministères en fonction des normes du droit (c 230); le droit d'acquérir une formation adéquate pour les fonctions qu'ils exercent dans l'Eglise et enfin le droit à une juste rémunération correspondant à leur condition (c 231).

> Contrairement [au Code de 1917] qui limitait la question spécifique des laïcs à deux canons affirmant les droits de tous les fidèles chrétiens à recevoir les sacrements (682) et leur interdisaient de porter des vêtements ecclésiastiques (683), les canons [224-231] sous étude ici reflètent l'accent mis sur l'égalité de tous les fidèles. Ces canons exposent une vision relativement nouvelle des droits des laïcs dans l'Eglise, mais il reste

---

[147] Voir L. de ECHEVERRIA (ed), *Code de droit canonique annoté*, 177.
[148] Voir A. MATENKADI, *Code de droit canonique*, 24.
[149] Pour plus d'informations, voir J.A. CORIDEN, *An Introduction*, 62-63. Voir également J.P. BEAL, *New Commentary*, 291-303.

beaucoup à explorer avant que leurs implications ne soient pleinement réalisées.[150]

Dans l'Église, « le fait le plus important est que personne [...] n'est seul; les laïcs, les membres du clergé et les religieux, sont tous inexorablement liés autour du même but de bâtir l'Eglise tout entière ».[151] Ils sont tous co-responsables de la mission de l'Eglise dans le monde. Par conséquent, les droits applicables aux fidèles laïcs ne peuvent être vus en dehors des droits de tous les fidèles.

1. Le droit d'association (c 215)[152]

Le droit d'association est commun à tous les fidèles. Il découle directement du droit de participer à la mission

---

[150] J.P. BEAL, *New Commentary*, 291. Voici le texte original: "Unlike the [1917 CIC], which limited specific treatment of the laity to two canons affirming the rights of all the Christian faithful to receive the sacraments (682) and prohibiting them from wearing ecclesiastical garments (683), the canons under study here [224-231] reflect an emphasis on the equality of all the faithful. These canons exhibit a relatively new view of rights for the laity in the Church, but much remains to be explored before their implications are fully realized."

[151] J.P. BEAL, *New Commentary*, 292. Voici le texte original: "The most important fact is that no one [...] stands alone; laity, clergy, and religious are all inexorably linked in the same goal of building up the whole Church."

[152] Compte tenu de l'importance de ce canon dans le Code actuel, il convient de le comparer à son équivalent dans le *Codex Canonum Ecclesiarum Orientalum* (CCEO). Le canon 18 du CCEO stipule ce qui suit : « les fidèles chrétiens sont libres de fonder et de diriger des associations pour des fins caritatives et religieuses ou pour la promotion de la vocation chrétienne dans le monde; ils sont libres de tenir des réunions pour poursuivre ces objectifs en commun. »

de l'Eglise. Les individus peuvent se regrouper, fonder et diriger des associations parce qu'ils partagent la mission apostolique de l'Eglise. Dans ce droit, il y a deux aspects interconnectés : la tendance naturelle des êtres humains à s'associer et le droit canonique d'association.

a) La tendance naturelle à s'associer

Le droit d'association est greffé sur la tendance naturelle des êtres humains à la sociabilité. Ces derniers sont destinés à vivre ensemble dans différents types d'union ou de communauté.[153] Selon Genèse 1:27, ce fait sociologique remonte aussi loin que le début du monde. Ce qui explique pourquoi il y a tellement de choses qui ne peuvent être réalisées que par un groupe de personnes plutôt que par des individus. Selon le Pape Jean Paul II,

> En réalité, un effet 'culturel' peut être réalisé grâce au travail accompli non pas tant par un individu seul, mais par un individu en tant qu'« être social », c'est-à-dire, en tant que membre d'un groupe, d'une communauté, d'une association ou d'un mouvement. Un tel travail est alors la source et le stimulus conduisant à la transformation de l'environnement et de la société aussi bien que le

---

[153] Voir P. VERE & M. TRUEMAN, *Surprised by Canon Law. 150 Questions*, 15: "As human nature would have it, we are apt to find like-minded people and join with them to promote some value or activity that we hold to be benefit. When we come together in this way, we form an association."

fruit et le signe de chaque autre transformation à cet égard.[154]

Longtemps avant que l'Eglise ne fasse ainsi, les sociétés civiles avaient déjà accordé à leurs citoyens le droit de s'associer. Maintenant l'Eglise reconnaît ce droit à ses fidèles. Elle en fait « la proclamation d'un droit existant, et non pas la concession ou la création d'un nouveau droit. »[155] Les Pères Conciliaires renchérissent :

> La nature sociale de l'homme rend évident le progrès de la personne humaine et le développement même de la société dépend de l'un et de l'autre. […] Puisque la vie sociale n'est pas quelque chose de surajouté à l'homme, à travers ses rapports avec les autres, par la réciprocité des devoirs et par la voie d'un dialogue fraternel, il développe tous ses dons et est en mesure de dépasser son destin. […] A notre ère, pour des raisons diverses, les relations réciproques et les dépendances mutuelles augmentent jour après jour et donnent lieu à une variété d'associations et d'organisations, tant publiques que privées (*GS* 25).[156]

---

[154] JEAN PAUL II, *Christifideles laici* 29. C'est l'auteur qui souligne.
[155] J.P. BEAL, *New Commentary*, 398-399. Voir JEAN XXIII, *Pacem en terris,* in *AAS* 55 (1963) 262-263.
[156] Pour plus de commentaires, voir K.E. McKENNA, *A Concise Guide to Your Rights in the Catholic Church*, Notre Dame, Ave Maria Press, 2006, 34: "Such joint efforts show concretely the call by the Council to promote efforts by all members of the Church to participate in its mission. By pooling their resources to achieve the aims of the apostolate, it is often more likely that the ends of the work can be more easily accomplished."

En déclarant que le droit d'association est lié à la nature sociale de la personne humaine, les Pères Conciliaires ont voulu que l'Eglise reconnaisse un fait naturel réel. Lorsque les fidèles, en tant que communauté ou en tant que groupe, prennent une initiative dans le domaine pastoral, ils le font parce qu'ils sont naturellement au courant de leur incapacité à mener à bien un certain nombre d'objectifs en tant qu'individus. En effet, « le droit de former des associations dans l'Eglise 'est propre' *(proprium est)* à tous les êtres humains et 'un véritable droit naturel' *(verum ius nativum)* transmis par nature, un droit 'leur garanti' dans l'Eglise. »[157]

En un mot, c'est grâce à Vatican II que le droit naturel d'association a enfin été reconnu officiellement. C'est précisément ce que souligne le Conseil Pontifical pour les Laïcs :

> Ce droit et la liberté qui en résulte de former et d'adhérer à des associations ne dépendent pas de la bienveillance des pasteurs, mais sont enracinés dans la nature de la personne humaine et découlent de la réalité ontologique du sacrement de baptême, qui crée une égalité fondamentale entre tous les membres du peuple de Dieu comme 'nouvelles

---

[157] R.W. OLIVER, "Associations of the Faithful in the Antepreparatory," 102-103. C'est l'auteur qui souligne. Voir aussi W. SCHULZ, "Le norme canoniche sul diritto di associazione e la loro riforma alla luce dell'insegnamento del Concilio Vaticano secondo," in *Apollinaris* 50 (1977) 158; et A. Del PORTILLO, *Laici e fedeli nella Chiesa: le basi dei loro statute giuridici*, 2nd ed., Milan, Giuffrè, 1999, 109-113.

créatures' (voir 2 Cor 5:17), greffées sur le Christ et animées par l'Esprit Saint.[158]

Cette affirmation du droit naturel d'association est à la fois importante et pertinente puisqu'elle met l'accent sur le fait que nul ne peut en être exclu. Néanmoins, étant donné qu'une association rassemble plus d'une personne, il est sage et même obligatoire de définir une réglementation commune pour aider à réguler les relations au sein du groupe.[159] C'est le rôle du Droit Canon dans lequel se trouvent des normes et des principes sur les associations de fidèles. En plus du respect des règles universelles sur les associations, il est toujours demandé à chaque groupe de concevoir quelques normes de base afin de promouvoir l'harmonie et la discipline au sein dudit groupe.

b) Le droit canonique d'association

Selon le canon 215,

> Les fidèles ont la liberté de fonder et de diriger librement des associations ayant pour but la charité ou la piété, ou encore destinées à promouvoir la vocation chrétienne dans le monde, ainsi que de se

---

[158] PCL, *International Associations of the Faithful. Directory.* Accessible en ligne sur : http://www.vatican.va/roman_curia/pontifical_councils/laity/documents/rc_pc_laity_doc_20051114_associazioni_en.html. Consulté le 23.05.2011. C'est l'auteur qui souligne.
[159] Voir P. VALDRINI, *Droit canonique,* 47.

réunir afin de poursuivre ensemble ces mêmes fins.[160]

Bien que ce canon soit situé dans la section sur les obligations et les droits de tous les fidèles, il est directement lié au sujet de la présente étude sur les associations de fidèles en général et celles de laïcs en particulier. Il affirme clairement le droit et la liberté des fidèles de se réunir en associations.[161] Le même droit est déjà renforcé par les textes conciliaires :

> [...] On trouve dans l'Église un certain nombre d'initiatives apostoliques qui doivent leur origine au libre choix des laïcs et dont la gestion relève de leur propre jugement prudentiel. De telles initiatives permettent à l'Église, en certaines circonstances, de mieux remplir sa mission ; aussi n'est-il pas rare que la hiérarchie les loue et les recommande (*AA* 24).

Le droit de s'associer, à l'instar de tous les autres droits des fidèles, est enraciné dans le sacrement de baptême (cc 204 § 1 et 208).[162] L'essence de ce droit est de permettre à tous les fidèles laïcs de prendre leur part dans l'édification du royaume de Dieu. Les fidèles organisés en associations sont les hérauts de la Bonne Nouvelle du salut et donc ils « [...] détiennent ce droit

---

[160] Pour plus de commentaires sur ce canon, voir J.P. BEAL, *New Commentary*, 270.
[161] Voir J.A. CORIDEN, *An Introduction*, 68.
[162] Voir A. MATENKADI FINIFINI, *Code de droit canonique*, 28. Voir aussi JEAN PAUL II, *Christifideles laici* 29.

précisément parce qu'ils participent activement à la mission de [l'Église] ».[163]

Vatican II précise que, dans une certaine mesure, les groupes d'apostolat sont plus efficaces dans certaines circonstances et dans certaines régions que les individus (*AA* 18).[164] Cependant, tous le Pères Conciliaires n'étaient pas d'accord avec cette affirmation.[165]

En fait, certains d'entre eux

> Déclaraient que trop d'importance était accordée à l'apostolat organisé et qu'il fallait accorder plus d'attention à l'appel de chaque baptisé à être engagé dans la mission de l'Eglise, même dans les endroits où ils sont incapables de participer dans des associations.[166]

---

[163] J.A. CORIDEN, *The Rights of Catholics in the Church*, New York, Paulist Press, 2007, 69.

[164] Voir H. J. SÁNCHEZ ZARIÑANA, *L'être et la mission du laïc*, 184. Pour plus d'informations, on peut lire K.E. McKENNA, *A Concise Guide to Canon Law*, 110.

[165] R.W. OLIVER, "Associations of the Faithful during," 449: "The statements on the right to associate in the Church continued to be controversial. One father objected that a sphere of autonomy proper to the laity simply does not exist and that all acts of the lay apostolate must proceed from a hierarchical mandate. Others opined, conversely, that the right of association was not expressed clearly enough in the decree. In their view, while the text mentioned the *libertas* of the faithful to join associations, it did not actually state their *ius* to establish associations in the Church. Some criticized the articles on associations as 'timid and full of suspicion,' something at odds with the council's desire to promote 'mature laity.' As a result of these changes, the term 'association' was no longer contained in any of the chapter titles in the decree." C'est l'auteur qui souligne.

[166] R.W. OLIVER, "Associations of the Faithful during," 448; IDEM, "Associations of the Faithful in the Antepreparatory," 86.

Le canon 215 et les autres canons sur les associations de fidèles, indiquent que le droit d'association ne peut pas être uniquement basé sur le *ius nativum* d'association.[167] « L'édification de l'Eglise » (*AA* 3-4) est l'origine et la finalité de ce droit. Il ne s'agit pas tout simplement de l'application d'un *ius nativum*. Il n'est pas non plus le résultat d'un mouvement instinctif des êtres humains à se regrouper. Ce droit doit être exercé avec le seul objectif d'édifier le royaume de Dieu par la promotion de la justice, de l'amour, de la paix et de la fraternité entre les peuples.

Avant et après la promulgation du Code de 1983, beaucoup d'associations et autres formes de regroupements étaient fondées sur base du droit fondamental d'association à tous les niveaux de l'Eglise. Elles s'efforçaient d'aider leurs membres à vivre leur vocation baptismale en participant à la mission de l'Eglise.[168]

Toutefois, depuis la promulgation du Code de 1983, il y a eu quelque chose de nouveau dans le domaine des

---

[167] Voir L. GEROSA, *Canon Law*, 214-215. Voir aussi J.A. CORIDEN, *The Rights of Catholics*, 72.

[168] Voir M. DOLAN, *Partnership in Lay Spirituality*, 66. Pour plus d'informations, on peut se référer à M. CASEY, "Associations of Christ's Faithful," 82-83. Casey écrit le commentaire suivant: "The freedom of the faithful to associate and form associations of Christ's faithful may well be a potent response to the needs of the generations of the present. With the more recent emphasis on *communio* and on reaching out through a 'new evangelisation' to peoples of many cultures and phases of religious development, the communal search for God and meaning in life may be facilitated through new methods of congregating. Such groups, having common bonds, may find a home again in the Church through associations of Christ's faithful." C'est l'auteur qui souligne.

associations libres. Les Evêques Canadiens l'expriment comme suit:

> Ce qui est essentiellement nouveau, c'est que l'Eglise reconnaît le droit d'association non pas simplement comme une concession par l'autorité compétente, mais comme un droit fondamental fondé sur le caractère relationnel de la personne, c'est-à-dire, le caractère social de l'être humain et l'interrelation de la *communion* chrétienne.[169]

En situant le canon 215 dans la section des droits et obligations des fidèles (cc 208-223), le Code de 1983 met en évidence le fait que le droit d'association est devenu quelque chose qui doit être appliqué, protégé, réclamé et promu par tous les fidèles.[170]

A ce sujet, Roch Pagé affirme ce qui suit :

> Bien qu'il ne parle pas de la nécessité d'une relation avec l'autorité ecclésiastique compétente, le canon 215 soutient que l'un des droits fondamentaux des fidèles est 'd'établir librement et de diriger des associations pour des fins charitables ou pieuses ou qui favorisent la vocation chrétienne dans le monde.'[171]

---

[169] CCCB, *Recognition*, 7. Voici le texte original : "What is mainly new is that the Church recognizes the right of association not merely as a concession by competent authority but as a fundamental right based on the relational character of the person, that is, the social nature of the human being and the interrelationship of Christian communion." C'est l'auteur qui souligne. Voir également R. PAGÉ, "Associations of Christ's Faithful," 294.

[170] Voir J.P. BEAL, *New Commentary*, 399.

[171] R. PAGÉ, "Associations of Christ's Faithful. Selected Issues," in *The Jurist* 62 (2002) 294. Voici le texte original: "Although it does

Néanmoins, même si les fidèles ont le droit de s'associer librement, ils ne peuvent pas le faire sans se référer à la hiérarchie, puisque que les autorités ecclésiastiques sont en charge de l'ordre et de la discipline dans l'Église (*AA* 19).

Un petit bémol dans l'exercice du droit d'association se trouve au canon 216 qui met une sorte de limite à l'exercice du droit d'association : « aucune entreprise ne peut se réclamer du nom de catholique sans le consentement de l'autorité ecclésiastique compétente ». Tout en ne déniant pas aux fidèles le droit de s'associer, ce canon rappelle que l'Eglise est une société organisée et que tout ce qui est fait en son sein, exige l'implication de ceux à qui le Christ a confié le peuple de Dieu (c 204 § 2).

Il y a d'autres canons qui limitent le droit d'association pour des raisons particulières :[172] les canons 278 § 3 et 287 § 2 statuent que les clercs doivent s'abstenir de mettre en place ou de participer à des associations incompatibles avec leur état clérical; le canon 672 concerne les membres des instituts de vie consacrée. Tandis que le canon 1374 stipule que « qui s'inscrit à une association qui conspire contre l'Église sera puni d'une juste peine; mais celui qui y joue un rôle actif ou qui la dirige sera puni d'interdit. »

---

not speak of the necessity for a relationship with competent ecclesiastical authority, canon 215 does maintain that one of the fundamental rights of the faithful is to 'establish freely and to direct associations which serve charitable or pious purposes or which foster the Christian vocation in the world'." C'est l'auteur qui souligne.

[172] Voir J.P. BEAL, *New Commentary*, 270.

2. Le droit de participer à l'apostolat de l'Eglise (c 225)

Cela vaudrait la peine de redire que tous les droits et obligations dans l'Église découlent du baptême qui incorpore les fidèles au Christ et les rend participants de la mission confiée à l'Eglise (c 204 § 1). Cette idée préoccupait déjà certains chercheurs bien avant Vatican II. « Dès 1936, Karl Rahner déclarait que le baptême attribuait à chaque membre de l'Eglise une mission pastorale. »[173]

Les Pères Conciliaires ont affirmé vigoureusement que :

> L'apostolat des laïcs est une participation à la mission salutaire elle-même de l'Église : à cet apostolat, tous sont destinés par le Seigneur lui-même en vertu du baptême et de la confirmation. Les sacrements, surtout la sainte Eucharistie, communiquent et entretiennent cette charité envers Dieu et les hommes, qui est l'âme de tout l'apostolat. Les laïcs sont appelés tout spécialement à assurer la présence et l'action de l'Église dans les lieux et les circonstances où elle ne peut devenir autrement que par eux le sel de la terre. Ainsi, tout laïc, en vertu des dons qui lui ont été faits, constitue un témoin et en même temps un

---

[173] R. LENNAN, *The Ecclesiology of Karl Rahner*, Oxford, Oxford University Press, 1995, 100. Cité par M. SULLIVAN, *The Road to Vatican* II, 66; voir aussi H. J SÁNCHEZ ZARIÑANA, *L'être et la mission du laïc,* 197. Sánchez résume la mission des laïcs comme suit: sanctifier le monde.

instrument vivant de la mission de l'Église elle-même, 'à la mesure du don du Christ'[174] (*LG* 33).

Ainsi, le droit des fidèles de participer aux activités apostoliques de l'Eglise est en même temps une obligation puisque tous les baptisés ont la responsabilité de faire tout ce qui est possible pour que le « message divin du salut soit connu et accepté par tous les hommes et par toute la terre» (c 225 § 1).[175]

Le Concile est souvent présenté comme un moment charnière dans l'histoire de l'Église lorsque le rôle des laïcs était redécouvert.[176] C'est ainsi qu'il a aidé l'Église à repenser le rôle des fidèles en général et celui des laïcs en particulier. Ce rôle n'est pas un don venant de qui que ce soit dans l'Eglise, mais il est considéré comme une conséquence naturelle de l'incorporation au Christ.

En tout état de cause, les laïcs étaient devenus progressivement conscients de leur mission spéciale dans l'Eglise jusqu'à sa reconnaissance comme droit. « Le concile s'est efforcé d'une certaine façon à reconnaître que les laïcs avaient atteint l'âge adulte et il voulait qu'ils sentent que leur importance dans [l'Église] était finalement reconnue. »[177]

---

[174] C'est l'auteur qui souligne.
[175] Voir P. VALDRINI, *Droit canonique*, 54. Valdrini parle de « devoir spécifique.»
[176] M. CASEY, "Associations of Christ's Faithful," 66. Voir aussi JEAN PAUL II, *Christifideles laici* 9.
[177] J. COMBLIN, *People of God*, New York, Orbis Books, 2004, 13. Voir également M. SULLIVAN, *The Road to Vatican II*, 69. Sullivan cite Mgr John J. Wright de Pittsburg en disant au Concile Vatican II: "The faithful have been waiting for 400 years for a positive conciliar statement on the place, dignity and vocation of the layman."

Les laïcs « n'aident » personne dans sa tâche. Ils ne sont pas « associés » à la mission de la hiérarchie.[178] Ils sont eux-mêmes de véritables « missionnaires » de l'évangélisation dans l'Église et dans le monde. Leurs activités témoignent de l'amour et du royaume de Dieu dans un monde attiré par de nombreuses idéologies, un monde parfois hostile à l'Eglise.

> Récemment, le Pape Benoît XVI est revenu sur la définition de la vocation des laïcs comme une présence et une mission qui appartiennent à la sphère séculière de l'activité humaine. […] Il énonce sa compréhension de l'appel des laïcs à prendre leur part dans la mission de l'Eglise. C'est l'appel des baptisés, dit-il, de refléter le mystère de l'Incarnation comme une insertion dans le milieu des affaires humaines. À la lumière de ce qui précède, les affaires humaines deviennent elles-mêmes un *locus theologicus* et Benoît énonce la qualité séculière de la vocation laïque […].[179]

---

[178] Voir M. DUBOST, *Les fidèles laïcs*. Mgr Dubost dit que le sacerdoce ministériel et le sacerdoce commun des fidèles sont tous pour la gloire de Dieu dans le monde. Le Concile a mis fin à une conception des laïcs habitués à aider le clergé dans sa mission. Voir aussi, M. SULLIVAN, *The Road to Vatican II*, 61; et A.A. HAGSTROM, *The Emerging Church,* 60: "traditionally, the average layperson considered the mission of the [Church] to be entrusted to the hierarchy alone."

[179] D.N. POWER, *Mission, Ministry, Order. Reading the Tradition in the Present Context,* New York, Continuum, 2008, 90. Voici le texte original: "Recently Pope Benedict has returned to the definition of the laity's vocation as a presence and a mission that belongs in the secular sphere of human activity. […] He spells out his understanding of the call of the laity to take their part in the mission of the Church. It is the call of the baptized, he says, to reflect the mystery of the Incarnation as an insertion into the midst of human affairs. In light of

Le Code de 1983 exprime ce droit qui doit être exercé pleinement dans le monde dans la mesure où les laïcs vivent dans un monde confronté à des réalités modernes. Toutefois, le Code ne dissocie pas le monde et l'Eglise, les laïcs et le clergé. Toutes ces réalités sont corrélatives.[180] Ainsi le canon 225 § 2 énonce :

> Chacun selon sa propre condition, [les laïcs] sont aussi tenus au devoir particulier d'imprégner d'esprit évangélique et de parfaire l'ordre temporel, et de rendre ainsi témoignage au Christ, spécialement dans la gestion de cet ordre et dans l'accomplissement des charges séculières.

Ce deuxième paragraphe du canon 225 complète la description de la mission des laïcs dans le monde. Ces derniers sont censés transformer le monde *ad intra* par leur vie et leur engagement actif dans tous les domaines des affaires terrestres. Par leur engagement visible, ils contribuent à l'édification du corps du Christ. Selon A. Hagstrom,

> Les laïcs sont appelés à participer activement à toute la vie de [l'Église]; ils ne doivent pas seulement animer le monde avec l'esprit du christianisme, mais ils ont à être témoins du

---

this, human affairs become themselves a *locus theologicus,* and Benedict spells out the secular quality of the lay vocation […]."
[180] Voir P. VALDRINI, *Droit canonique,* 54.

Christ dans toutes les circonstances et au cœur même de la communauté humaine.[181]

Ils peuvent exercer ce droit et cette obligation, soit en tant qu'individus ou réunis en associations. Le Code de 1983 prend en charge cette tâche en définissant un certain nombre de règles qui régissent l'apostolat de groupe et aident ainsi les laïcs à exercer leur droit de participer à la mission de l'Eglise au sein d'une communauté chrétienne donnée. Puisque le Concile a restauré la place des laïcs dans la mission de l'Eglise, le Code de 1983 a codifié leurs droits et obligations (c 208-231), même si

> Il semble que l'appel et le rôle des laïcs dans [l'Église] et dans le monde ne sont pas encore très bien connus par les catholiques ordinaires. En effet, le concile a publié une sorte d'appel au 'réveil' aux laïcs - et il est temps qu'ils se réveillent![182]

---

[181] A.A. HAGSTROM, *The Emerging Laity*, 12. Voici le texte original : "The laity are called to participate actively in the whole life of [the Church]; not only are they to animate the world with the spirit of Christianity, but they are to be witnesses to Christ in all circumstances and at the very heart of the community of mankind."

[182] A.A. HAGSTROM, *The Emerging Laity*, 1. Voici le texte original: "It seems that the call and role of the layperson in [the Church] and in the world are still not very well known by ordinary Catholics. Indeed, the council issued a sort of 'wake-up' call to the laity – and it's time they woke up!" C'est l'auteur qui souligne. Pour un complément de commentaires, voir J.P. BEAL, *New Commentary*, 291: "The meaning of individual canons remains to be fully discovered, and certain issues, particularly the methods of vindicating lay rights, persist as an important area of canonical development for the future. While many other aspects of the 1983 code have been implemented, the vindication of lay rights has not yet received a great

Sans aucun doute, « Vatican II a lancé 'l'ère du laïc' dans [l'Église]. Le temps dira en effet si et dans quelle mesure ces semences porteront des fruits ».[183] Ceci reste un grand défi pour toute l'Eglise, les fidèles et la hiérarchie, pour mettre en application ce grand héritage du Concile matérialisé dans le Code de 1983. Tous les baptisés doivent connaître leurs droits, les mettre en pratique pour le bien de l'Eglise et les défendre vigoureusement quand ils sont menacés.

Les canonistes sont priés d'apporter leur contribution à cette tâche afin que « la charte fondamentale » des droits et obligations des fidèles soit connue et protégée pour le bien de l'Église et de tous ses membres.[184] On peut fermement espérer que « les semences plantées aujourd'hui donneront des fruits plus tard, dans trente à cinquante ans ».[185]

En vue de jouir pleinement du droit d'association, les fidèles sont tenus de se conformer aux normes afin que leurs associations puissent remplir le rôle qui leur a été confié par l'Église. La section suivante va tenter

---

amount of attention, nor have the implications of such rights been clarified to any great extent by any type of canonical process. Many of the faithful do not know of these rights, despite the passage of time. However, as the concept of rights in the Church is further explored and clarified, we will have a clearer idea of the role of the laity."

[183] M. SULLIVAN, *The Road to Vatican II*, 83. C'est l'auteur qui souligne. Voir aussi R. JACQUES, « Les droits et devoirs des fidèles », 459-460.

[184] Voir R. JACQUES, « Les droits et devoirs des fidèles », 460.

[185] Y. CONGAR, "Interview in Strasbourg, 1964," in *Trente ans de souvenirs,* une vidéo produite par la Province Dominicaine de France; voir *CTSA Proceedings* 59 (June 10-13, 2004), 163. Cité par M. SULLIVAN, *The Road to Vatican II*, 83.

d'énumérer les principales normes canoniques qui régissent toutes les associations de fidèles.

3. LES NORMES GENERALES DE TOUTES LES ASSOCIATIONS DE FIDELES (CC 298-311)

Bien que le Code de 1983 énonce en quatorze canons (cc 298-311) les normes communes à toutes les associations de fidèles, la présente étude ne mentionne que ceux qui sont susceptibles d'aider à comprendre la façon dont le Code réglemente les associations de fidèles.

Premièrement, chaque association doit tendre

> [...] A favoriser une vie plus parfaite, à promouvoir le culte public ou la doctrine chrétienne, ou à exercer d'autres activités d'apostolat, à savoir des activités d'évangélisation, des œuvres de piété ou de charité, et l'animation de l'ordre temporel par l'esprit chrétien (c 298 § 1).[186]

Ainsi le canon 298 § 1 résume ce que l'Eglise attend de toute association de fidèles, quel que soit le statut de ses membres, si elle veut être reconnue, recommandée ou approuvée dans l'Église (c 298 § 2).[187] L'apostolat, la sainteté et les œuvres de charité sont les trois piliers sur lesquels les associations de

---

[186] Pour un commentaire de ce canon, voir P. VERE & M. TRUEMAN, *Surprised by Canon Law. 150 Questions*, 15-16: "The law notes three fundamental reasons for Christians to establish associations: to conduct charitable works, to promote piety, and to foster the Christian vocation."

[187] Voir L. GEROSA, *Canon Law*, 221.

fidèles s'appuient. En outre, pour la plupart des associations, en particulier celles des laïcs, ces activités sont menées dans le monde séculier.[188]

Une autre norme générale, commune à toutes les associations de fidèles, concerne la vigilance de l'autorité compétente, conformément au canon 305 § 1 :

> Toutes les associations de fidèles sont soumises à la vigilance de l'autorité ecclésiastique compétente, à laquelle il appartient d'avoir soin que l'intégrité de la foi et des mœurs y soit préservée, et de veiller à ce que des abus ne se glissent pas dans la discipline […].[189]

Le paragraphe deux du même canon décrit l'autorité ecclésiastique compétente en question : « Les Associations de toute nature sont soumises à la supervision du Saint-Siège. Les associations diocésaines sont soumises à la surveillance de l'Ordinaire du lieu, comme le sont les autres associations dans la mesure où elles travaillent dans le diocèse ».[190]

L'exigence des statuts constitue également une norme commune à toutes les associations. Le canon 304 stipule que chaque association de fidèles, quel que soit

---

[188] Voir A.A. HAGSTROM, *The Emerging Laity*, 37; voir également *LG* 31.

[189] Pour plus de commentaires sur ce canon, voir R. PAGÉ, "Associations of Christ's Faithful," 297 & 305.

[190] Selon R.W. OLIVER, "Canonical Requisites," 236, "the [Code] does not mention a specific role of vigilance for episcopal conferences over national associations". Voir aussi CCCB, *Recognition*, 19.

son statut, doit avoir ses propres statuts.[191] En effet, « ces [statuts] doivent déterminer les buts et les objectifs de l'association, comment elle est gouvernée, les conditions d'adhésion, qui établit sa politique en fonction de la culture et des temps. »[192]

Les statuts doivent mentionner, avec précision, le nom ou le titre, le siège, les buts et la nature de l'association (c 304 § § 1 & 2); les conditions d'adhésion, l'admission dans l'association et l'exclusion d'un membre (cc 304 § 1; 306-308; 316 § 2); les normes générales pour le gouvernement de l'association, y compris les élections et les nominations (cc 304 § 1; 317 § 1; 324); les dispositions pour la révision des statuts et la préparation de normes propres à l'association (cc 309; 314); et les procédures pour la suppression de l'association et la destination des biens temporels (cc 320, 326).[193]

La plupart des normes mentionnées aux canons 298-311 concernent

> [Les] associations de fidèles qui ont un statut juridique dans l'Eglise, qu'elles soient des associations publiques ou privées. Mais les associations *de facto* sont également concernées par plusieurs de ces normes. Chaque association

---

[191] Le canon 94 § 1 stipule : « Les statuts sont des dispositions établies, selon le droit, pour des ensembles de personnes ou de choses par lesquelles sont définis leurs objet, structure, gouvernement et modes d'actions. » Le texte latin emploie les mots *universitates personarum* pour *ensembles de personnes* et *universitates rerum* pour *ensembles de choses*.
[192] M. DOLAN, *Partnership in Lay Spirituality*, 67.
[193] Pour de plus d'informations, voir R.W. OLIVER, "Canonical Requisites", 237-238 ; et L. ECHEVERRIA, *Code de droit canonique*, 218-224.

adopte alors sa propre configuration, qui établit sa spécificité.[194]

Comme le canon 216, le canon 300 insiste sur le fait qu'« aucune association ne prendra le nom de 'catholique' sans le consentement de l'autorité ecclésiastique compétente ».[195] Cette restriction a pour but de protéger l'Eglise contre des abus et des scandales de toute sorte causés par des individus ou des groupes.[196] Au regard du foisonnement actuel des groupuscules religieux, il est clair que l'autorité compétente doit être très rigoureuse lorsqu'elle permet à des associations d'utiliser ce nom réservé.

L'exercice du droit d'association, comme celui de tous les autres droits dans l'Église, est également limité par le « bien commun de l'Eglise » (c 223 § 1). Par conséquent, avant d'accorder un statut canonique à une association de fidèles, l'autorité compétente doit s'assurer que le bien commun de l'Eglise est préservé et inclus dans les statuts.

Le dernier critère, mais non le moindre, est celui édicté par le Pape Jean Paul II. C'est le « critère d'ecclésialité » comme condition préalable pour chaque

---

[194] J.P. BEAL, *New Commentary*, 401. Voici le texte original: "Associations of the faithful which have juridical status in the Church, whether these be public or private associations. But [*de facto*] associations are also affected by several of these norms. Each association then adopts its own configuration, which establishes its specificity."
[195] C'est l'auteur qui souligne.
[196] Voir P. VALDRINI, *Droit canonique*, 115 et L. ECHEVERRIA, *Code de droit canonique*, 216.

association de fidèles afin de s'assurer qu'elle se conforme à l'enseignement et à la discipline de l'Eglise. [197]

4. LES ASSOCIATIONS DE LAÏCS (CC 327-329)

Toutes les normes mentionnées dans les canons 298-311 s'appliquent aussi aux associations de laïcs.[198] La seule différence est que ces associations sont principalement fondées et dirigées par des laïcs, puisque, à l'instar de tous les autres fidèles, ils peuvent se regrouper dans des associations propres à eux tout en s'efforçant de vivre leur vocation baptismale.

A ce sujet, le Concile Vatican II déclare :

> [...] Le bon vouloir de Dieu a été que les hommes ne reçoivent pas la sanctification et le salut séparément, hors de tout lien mutuel ; il a voulu en faire un peuple qui le connaîtrait selon la vérité et le servirait dans la sainteté » (*LG* 9).

1. Le but d'une association de laïcs

Le but d'une association de laïcs se trouve au canon 225 § 2. Bien que ce canon ne soit pas situé dans la section qui traite des associations de laïcs, son contenu reflète parfaitement leur mission. En effet, une association de laïcs est constituée de laïcs qui sont tenus

---

[197] Voir JEAN PAUL II, *Christifideles laici*, 30.
[198] Voir M. CASEY, "Associations of Christ's Faithful," 86.

de participer à la mission de l'Eglise dans le monde séculier (c 225 § 1).

Les laïcs ont la mission de transformer le monde de l'intérieur par leur vie et en annonçant l'Evangile de différentes manières. Ils peuvent le faire « en tant qu'individus ou en associations » (c 225 § 1). En effet, l'Eglise tend à favoriser leur témoignage dans les associations sans négliger l'apostolat individuel.

« La bible de l'apostolat des laïcs » expose la nouveauté et l'importance des laïcs dans la transformation du monde moderne.[199] Comme A. Hagstrom le dit, « les dons de l'Esprit Saint sont donnés aux laïcs pour construire la vie de l'Eglise et leur permettre d'être des témoins du Christ dans le monde, à travers leur vie ordinaire et leurs activités. »[200]

2. Les normes spécifiques des associations de laïcs (cc 327-329)

Les normes générales sur les associations s'appliquent également aux organisations de laïcs. Cependant, le Code de 1983 y ajoute trois qui leur sont spécifiques : les canons 327-329. Mais, malheureusement, ces trois canons n'apportent rien de substantiellement nouveau.[201] Selon Valdrini,

---

[199] Voir P. LAKELAND, *Liberation of the Laity*, 98. L'auteur se réfère à *Gaudium et Spes* comme "the bible of the lay apostolate"; voir aussi M. SULLIVAN, *The Road to Vatican II*, 77.
[200] A.A. HAGSTROM, *The Emerging Laity*, 3; voir également E.P. HAHNENBERG, *A Concise Guide*, 102.
[201] Voir L. ECHEVERRIA, *Droit canonique,* 229.

> Le Code mentionne une catégorie d'associations, les associations de laïcs, ([cc] 327-329) non pas parce qu'elles formeraient un type spécial d'associations mais parce que, semble-t-il, le législateur veut reprendre à leur endroit des règles déjà données d'une manière générale pour les autres catégories. [...] Privées comme publiques, elles s'inscrivent dans la logique d'une mission propre donnée aux laïcs dans l'Eglise.[202]

Le canon 327 recommande aux laïcs de tenir en haute estime les associations qui ont été érigées pour les fins spirituelles mentionnées au canon 298, en particulier celles qui ont l'intention d'animer les affaires temporelles avec l'esprit évangélique (c 225 § 2).[203] Ceci est le noyau de la spécificité des associations de laïcs : l'animation des affaires temporelles par des vies entièrement imprégnées de l'amour universel de Dieu. En effet, « la marque distinctive du laïc est sa 'sécularité' ».[204]

Le canon 328 concerne la coopération entre les associations, en particulier entre celles qui opèrent sur le même territoire tel qu'un pays, une province, un diocèse, une paroisse.

Quant au canon 329, il prévoit que « les modérateurs des associations de laïcs veilleront à ce que

---

[202] P. VALDRINI, *Droit canonique*, 114.
[203] Pour plus d'explications sur les canons 327-329, voir M. DOLAN, *Partnership in Lay Spirituality*, 67-68.
[204] P. LAKELAND, *Catholicism at the Crossroads,* 31. C'est l'auteur qui souligne. Voir également E.P. HAHNENBERG, *A Concise Guide*, 107; et C.M. BELLITTO, *Ten Ways the Church Has Changed*, 50.

leurs membres soient bien formés à exercer l'apostolat propre aux laïcs ».[205]

Cette exigence n'est pas spécifique aux laïcs car tous les fidèles ont « le droit à l'éducation chrétienne, par laquelle ils sont dûment formés à acquérir la maturité de la personne humaine et en même temps à connaître et à vivre le mystère du salut » (c 217). Ce qui est particulier aux associations de laïcs est qu'elles devraient s'assurer que leurs membres sont très bien formés dans la doctrine et les enseignements de l'Église. De cette façon, ils peuvent alors appliquer la doctrine sociale de l'Eglise dans leur apostolat dans le monde séculier.

Les caractéristiques laïques et séculières devraient apparaître clairement dans les statuts des associations de laïcs, et dans le document leur accordant un statut canonique. J.P. Beal le dit mieux de la manière suivante:

> [...] Les statuts approuvés ou reconnus auront à déterminer si l'association est une association de laïcs [...]. Déterminer les objectifs, les moyens d'action et, par moments, le leadership de l'association sera le plus souvent suffisant pour préciser qu'il s'agit d'une association de laïcs.[206]

Les trois canons qui traitent des normes spéciales sur les associations de laïcs n'instituent pas un nouvel

---

[205] Pour plus de commentaires sur le canon 329, voir JEAN PAUL II, *Christifideles laici*, 62, et J.P. BEAL, *New Commentary*, 420.
[206] J.P. BEAL, *New Commentary*, 419. Voici le texte original: "[...] The recognized or approved statutes will have to determine whether the association is a lay association [...]. Determining the ends, means of action, and at times the leadership of the association will most often be enough to clarify that it is a lay association."

ensemble de règles. Ils mettent en évidence et renforcent leur caractère séculier. Bien que les laïcs ne soient pas les seuls qui accomplissent leurs droits et obligations dans le monde séculier, ce dernier est leur *milieu naturel*. Cette réalité est fortement affirmée par le Concile Vatican II :

> Le caractère séculier est le caractère propre et particulier des laïcs. [...] La vocation propre des laïcs consiste à chercher le règne de Dieu précisément à travers la gérance des choses temporelles qu'ils ordonnent selon Dieu. Ils vivent au milieu du siècle, c'est-à-dire engagés dans tous les divers devoirs et travaux du monde. [...] À cette place, ils sont appelés par Dieu pour travailler comme du dedans à la sanctification du monde, à la façon d'un ferment. [...] C'est à eux qu'il revient, d'une manière particulière, d'éclairer et d'orienter toutes les réalités temporelles auxquelles ils sont étroitement unis, de telle sorte qu'elles se fassent et prospèrent constamment selon le Christ et soient à la louange du Créateur et Rédempteur (*LG* 31).[207]

Les associations de laïcs participent à la mission de l'Eglise au milieu du monde dans divers domaines. Leurs statuts doivent énoncer sans équivoque leur caractère séculier et définir des normes pour la formation de leurs membres. Elles sont invitées à collaborer entre elles afin que la Parole de Dieu soit mieux proclamée et entendue par leurs contemporains dans la société séculière. Elles doivent agir ainsi conformément à leur statut juridique.

---

[207] Voir aussi JEAN PAUL II, *Christifideles laici*, 29-31.

5. LES CATEGORIES D'ASSOCIATIONS DE FIDELES

Toutes les associations de fidèles n'ont pas le même statut canonique dans l'Eglise. Certaines sont approuvées par l'autorité compétente; d'autres sont reconnues et d'autres sont tout simplement recommandées par les autorités de l'Église.[208] Tout dépend du statut que chaque association souhaite obtenir.

La présente étude prête attention aux critères de classification des associations de fidèles et les principales catégories d'associations énumérées dans le Code de 1983 : les associations privées (c 299); les associations publiques (c 301); les associations catholiques (c 300); les associations cléricales (c 302) et les tiers ordres (c 303).[209]

Etant donné que les instituts de vie consacrée et les sociétés de vie apostolique forment une catégorie spéciale d'associations de fidèles et ont leurs propres normes particulières énumérées aux canons 573-746, ils sont en dehors du champ de la présente recherche.

1. Les critères de classification des associations de fidèles

---

[208] Voir P. VALDRINI, *Droit canonique*, 113-114; voir également R.W. OLIVER, "Associations of the Faithful during," 442.
[209] Voir R.W OLIVER, "Canonical Requisites," 231-234; voir aussi D. Le TOURNEAU, *Le droit canonique*, 36; et L. ECHEVERRIA, *Code de droit canonique*, 215.

Si l'on se base sur le critère de juridiction (c 312 § 1), une association peut être diocésaine, nationale ou internationale.[210] D'après R. Pagé, « une association sera universelle ou internationale si elle est reconnue ou érigée par le Saint-Siège ; elle sera nationale si la conférence épiscopale la reconnaît ou l'érige et elle sera diocésaine si l'Évêque diocésain en fait autant ».[211]

Selon le degré de leur dépendance vis-à-vis de l'autorité ecclésiastique et de leur statut canonique, il existe quatre catégories d'associations de fidèles : [212]

    a) Les associations non canoniques : celles-ci n'ont pas de reconnaissance des autorités de l'Église. Elles n'ont aucune personnalité juridique et leurs statuts ne sont approuvés par aucune autorité ecclésiastique compétente.

    b) Les associations privées sans personnalité juridique.

    c) Les associations privées avec personnalité juridique.

    d) Les associations publiques.

Au regard du statut canonique des membres, il y a quatre catégories d'associations de fidèles : [213]

---

[210] Voir P. VALDRINI, *Droit canonique*, 112 ; voir aussi CCCB, *Recognition*, 15-16.

[211] R. PAGÉ, "Associations of Christ's Faithful," 297. Voici le texte original: "An association will be universal or international if it is recognized [or established] by the Holy See; it will be national if the episcopal conference recognizes [or establishes] it, and it will be diocesan if the diocesan bishop does so."

[212] Cette division est donnée par J.A. CORIDEN, *An Introduction*, 69-70. Les trois dernières catégories seront examinées plus loin dans cette section. Pour la définition de *statut canonique*, voir le glossaire à la fin de ce travail.

a) Les associations de laïcs : elles sont fondées et dirigées par les laïcs.

b) Les associations cléricales (c 302): elles sont dirigées par des clercs pour les ministères sacrés.

c) Les associations mixtes (c 298): elles sont composées de clercs et de laïcs ou de religieux, hommes et femmes.

d) Les tiers ordres (c 303): ils sont rattachés à un institut de vie consacrée et partagent sa spiritualité.

Toutefois, « pour des raisons pratiques, les associations peuvent être réduites à trois groupes principaux » au regard de leur statut juridique tel que proposé par la Conférence Episcopale Canadienne : [214]

a) Les associations *de facto*
b) Les associations privées
c) Les associations publiques.

Le degré d'engagement d'une association de fidèles dans la mission de l'Eglise dépend de son statut juridique. En même temps que la reconnaissance canonique, une association de fidèles reçoit également une certaine mission à remplir pour le bien commun de l'Eglise. Ceci est particulièrement vrai pour une association publique.

---

[213] Voir CCCB, *Recognition*, 14-15; et J.P. BEAL, *New Commentary*, 402-405.

[214] Voir CCCB, *Recognition*, 14-15. Pour plus d'informations sur ces catégories d'associations de fidèles, voir le glossaire à la fin de ce travail. Voir également P. VERE & M. TRUEMAN, *Surprised by Canon Law. 150 Questions*, 16. Les auteurs distinguent seulement deux types d'associations, publiques et privées: "Their main difference is that the assets of a private association belong to the individuals, whereas the assets of a public association are at the immediate use of the Church."

2. Les associations *de facto*

Une association *de facto* existe en vertu du canon 215. Un tel organe apparaît comme un fait accompli. En effet, elle n'a besoin d'aucune personnalité juridique mais elle résulte de l'exercice naturel et commun du droit d'association. Effectivement, comme le dit si bien P. Valdrini, « [...] les associations peuvent exister dans l'Eglise, sans statut, public ou privé, mais dans le cadre de l'exercice du droit défini par le Code ».[215] Ceci n'est pas une atteinte à la lettre et à l'esprit du canon 299 § 3, qui stipule qu' « aucune association privée de fidèles n'est admise dans l'Église à moins que ses statuts ne soient reconnus par l'autorité compétente ». De toute évidence, cette disposition canonique concerne une association de fidèles qui est à la recherche d'un statut juridique auprès de l'autorité ecclésiastique compétente. Ce qui n'est pas le cas pour une association *de facto* qui fonctionne à sa propre manière.

Logiquement et canoniquement parlant, le droit d'association devient concret, premièrement à travers une association *de facto* comprenant parfois des gens avec une vague idée de ce que leur regroupement va devenir. C'est un genre d'initiative spontanée qui se concrétise dans une association de fidèles informelle. Comme le dit R. Pagé,

> Il est avant tout important de noter qu'à partir du moment où le droit d'association a été reconnu comme fondamental, toute nouvelle association

---
[215] P. VALDRINI, *Droit canonique,* 116.

commencerait comme une [association] *de facto*, sauf si elle était fondée ou érigée par l'autorité compétente qui lui a donné un statut canonique selon son but et sa structure.[216]

Ainsi, au fur et à mesure que les membres rencontrent diverses réalités au cours de leurs réunions et activités, au sein de la communauté, ils peuvent souhaiter passer d'une simple association *de facto* à celle qui a reçu la reconnaissance officielle. Ceci exigerait d'eux de contacter l'autorité ecclésiastique compétente conformément au canon 312.

Cependant, un tel processus ne change pas le statut de l'association *de facto*. En revanche, l'association obtient une sorte de « reconnaissance pastorale », qui ne doit pas être négligée puisque les activités pastorales font partie des objectifs de toute association de fidèles dans l'Eglise.[217] Par cette même louange et cette même recommandation (c 298 § 2), les fidèles sont assurés que leur association *de facto* est conforme aux exigences de l'Eglise et peut donc continuer à recruter des membres issus du peuple de Dieu comme stipulé au canon 327.

---

[216] R. PAGÉ, "Associations of Christ's Faithful," 296. Voici le texte original: "It is important first of all to note that from the moment the right of association was recognized as fundamental, any new association would begin as [a] *de facto* one, unless it was founded or [established] by the competent authority who gave it an appropriate canonical status according to its purpose and structure."

[217] Voir CCCB, *Recognition*, 10; voir aussi R. PAGÉ, "Associations of Christ's Faithful," 296 et J.P. BEAL, *New Commentary*, 420: "For their potential members, their recognition provides, at least in principle, a guarantee of their doctrinal authenticity, their communion with the leaders of the ecclesial community, and the conformity of their activities with the Church's mission."

Les associations *de facto* ne sont pas à confondre avec les associations non canoniques.[218] Comme Leonardo Medroso, des Philippines, le dit,

> [Les associations *de facto*] sont des associations qui ne sont pas officiellement reconnues par l'autorité de l'Eglise et [n'ont] pas la personnalité juridique privée. Elles ne sont certainement pas des sujets des droits et des obligations, mais le Code les considère comme des regroupements volontaires, des organismes associatifs auxquels ont été accordés quelques droits.[219]

Une association *de facto* peut donc être considérée comme le début de toute association dans l'Église puisque l'autorité ecclésiastique compétente ne peut accorder un statut juridique qu'à une association déjà opérationnelle. « Personne, toutefois, n'est obligé de chercher un tel statut »[220] dans l'Eglise.

« Tant qu'elles restent des associations *de facto*, elles ont la même liberté que les membres qui les composent, en dehors de celle de l'adoption de la dénomination 'catholique' […]. Ceci est l'exercice

---

[218] Voir ci-haut la section « Les critères de classification des associations de fidèles, point a) ».
[219] L. MEDROSO, *Associations of the Laity*. Voici le texte original: "[*De facto* associations] are associations that are not officially recognized by the Church authority and [do] not have the private juridical personality. They are definitely not subject of rights and obligations, but the Code considers them as voluntary groupings, associative bodies that have been granted some rights."
[220] J.P. BEAL, *New Commentary*, 399.

fondamental du droit d'association ».²²¹ En effet, les associations *de facto* jouissent d'une plus grande autonomie que les autres catégories d'associations.

Toutefois, par la suite, si une association *de facto* souhaite acquérir le statut d'association privée, elle aura à soumettre ses statuts à l'autorité compétente pour examen. Ici il faudrait préciser qu'« une association *de facto* n'est ni irrégulière ni illégale. Tout au contraire, elle serait illégale si elle prétendait avoir le statut d'une 'association privée' sans que ses statuts aient été reconnus ».²²²

3. Les associations privées (cc 299; 321-326)

Une association *de facto* peut chercher à avoir ses statuts examinés par l'autorité ecclésiastique compétente selon le canon 299 § 3. « En général, les associations privées sont des organismes constitués par les fidèles, à travers un accord privé entre eux afin de poursuivre grâce

---

[221] J.P. BEAL, *New Commentary,* 420. Voici le texte original: "So long as they remain *de facto* associations, they have the same freedom as the members who make them up, aside from that of adopting the name 'Catholic' […]. This is the fundamental exercise of the right of association." C'est l'auteur qui souligne. Voir également L. MEDROSO, *Associations of the Laity* : "Associations de facto are to be considered as subject of law. The lack of juridical personality does not imply the non-existence of the subject of rights. After all these associations are stable unions of persons with a precise ecclesiastical end to achieve."

[222] J.P. BEAL, *New Commentary,* 403. Voici le texte original: "[…] A *de facto* association is neither irregular nor illegal. Rather, it would be illegal if it pretended to have the status of a 'private association' without its statutes having been recognized." C'est l'auteur qui souligne.

à une démarche conjointe une fin qui est ecclésiale de nature ».[223]

J.P. Beal l'explique en ces termes :

> Si une association, formée par une entente privée, est louée ou recommandée par l'autorité ecclésiastique, ceci ne la rend pas publique ou privée. Louange ou recommandation n'équivaut pas 'une reconnaissance pastorale' et n'accorde aucun statut juridique.[224]

Le canon 215 trouve son application directe dans les associations privées (cc 321-326).[225] En approuvant les statuts d'une association privée, l'autorité ecclésiastique compétente accorde à ladite association de fidèles la personnalité juridique (c 322 § 1). Toutefois, l'approbation des statuts d'une association privée ne change pas son statut d'association privée au regard du canon 322 § 2.

Les associations privées sont dirigées conformément à leurs statuts, parce qu'elles jouissent d'une plus large autonomie dans leur organisation interne, l'exercice de leur apostolat et l'administration de leurs

---

[223] L. MEDROSO, *Associations of the Laity*. Voici le texte original: "In general, private associations are bodies constituted by the faithful through a private agreement among them to pursue through joint venture an end that is ecclesial in nature."

[224] J.P. BEAL, *New Commentary,* 403. Voici le texte original: "If an association formed by private agreement is praised or commended by ecclesiastical authority, this does not in itself make the association either public or private. Praise or commendation is equivalent to a 'pastoral' recognition, and does not grant any juridical status." C'est l'auteur qui souligne. Voir aussi CCCB, *Recognition*, 44.

[225] Voir L. ECHEVERRIA, *Code de droit canonique,* 174.

biens temporels (cc 321; 324). Cependant, elles sont soumises à la vigilance de l'autorité ecclésiastique compétente (cc 312; 323; 325).[226] Néanmoins, les biens temporels des associations privées ne sont pas des biens ecclésiastiques parce que « les biens détenus conjointement ne sont pas des biens ecclésiastiques et ne sont donc pas soumis aux normes canoniques régissant ces [biens] ».[227]

Bien que les associations privées jouissent de l'autonomie, l'autorité ecclésiastique compétente veille sur elles pour préserver le bien commun de l'Église (c 323 § 2). Ce rôle de surveillance est encore plus fort lorsqu'une association privée a acquis une reconnaissance officielle. « En d'autres termes, l'autonomie d'une association privée n'est jamais absolue; en fait, n'est pas absolue non plus la liberté des associations *de facto* ou celle des fidèles en tant qu'individus ».[228]

En ce qui concerne leur statut juridique, les associations privées peuvent être recommandées ou louées[229] sans acquérir la personnalité juridique. Elles

---

[226] Voir R.W. OLIVER, "Canonical Requisites," 231 ; voir aussi R. PAGÉ, "Les associations des fidèles : reconnaissance et érection," in *Studia Canonica* 19 (1985) 332-333 ; et P. VALDRINI, *Droit canonique*, 117.

[227] J.P. BEAL, *New Commentary,* 408. Voici le texte original: "[...] Goods held jointly are not ecclesiastical goods and thus are not subject to canonical norms regulating these [goods]."

[228] CCCB, *Recognition,* 35. Voici le texte original: "In other words, the autonomy of a private association is never absolute; nor, indeed, is the freedom of *de facto* associations, or the freedom of the faithful as individuals."

[229] Voir R. PAGÉ, "Associations of Christ's Faithful," 296-297: "Once it has been praised or recommended, an association can then ask for recognition as a 'private association'. This is the first formal canonical status, but it is not granted unless the association's statutes

peuvent aussi obtenir la personnalité juridique et recevoir l'autorisation d'utiliser le titre « catholique ».²³⁰

> L'octroi de la personnalité juridique à une association privée est un moyen mis en place par la législation pour que l'association acquière son identité comme perpétuelle. Avoir une personnalité juridique n'est pas une exigence arbitraire du droit. Le sujet de droit, titulaire des droits et des obligations, comme une association, doit [...] avoir une personnalité. Le canon 120 prévoit que, lorsque l'association devient une personne juridique privée, elle jouit du caractère perpétuel de toute personne juridique.²³¹

Les associations qui n'ont pas demandé la personnalité juridique ne sont pas considérées comme des sujets de droits et d'obligations sur le plan canonique. Mais leurs membres peuvent conjointement contracter des obligations, acquérir et posséder des droits et des biens temporels comme copropriétaires (c 310). Malgré

---

have been recognized by the competent authority. It should be noted, however, that this recognition by itself does not grant juridic[al] personality; this must be explicitly and subsequently requested. It goes without saying that we are referring here to private juridic[al] personality." C'est l'auteur qui souligne.

²³⁰ Voir L. MEDROSO, *Associations of the Laity*.

²³¹ L. MEDROSO, *Associations of the Laity*. Voici le texte original: "The granting to an association the private juridical personality is a means introduced by legislation for the association to earn its identity as perpetual. To have a juridical personality is not an arbitrary demand of law. The subject of law, holder of rights and duties, as an association, must [...] have a personality. Canon 120 provides that when the association becomes a private juridical person it enjoys the perpetual nature of any juridical person."

cette règle canonique, les associations privées bénéficient de l'autonomie dans une certaine mesure :

> En fait, un peu dans toutes les sections statutaires, de l'admission des membres à l'administration des biens, de la structure de gouvernement à l'extinction de l'association en question, les associations privées - même lorsqu'elles sont érigées en personne juridique - jouissent d'une autonomie plus grande vis-à-vis de l'autorité ecclésiastique et dépendent donc dans une moindre mesure du Droit Canonique commun.[232]

Les associations privées sont certainement plus courantes que cela n'apparaît puisque les gens ne se soucient pas souvent de chercher la personnalité juridique pour leur association. Ils commencent et seulement lorsqu'ils sont abordés par une autorité de l'Eglise, ils se rendent compte qu'ils ont besoin d'une reconnaissance. Finalement, ils demandent la personnalité juridique en soumettant les statuts de leur association à l'autorité ecclésiastique compétente pour examen.

4. Les associations publiques (cc 312-320)

---

[232] L. GEROSA, *Canon Law*, 222. Voici le texte original: "In point of fact, a little in all the statutory sections, from the admission of members to the administration of goods, from the structure of government to the very extinction of the association in question, private associations – even when they are [established] to a juridical person – enjoy a greater autonomy in relation to the ecclesiastical authority and thus depend to a lesser extent on common Canon Law."

Lorsque les gens parlent des associations de fidèles, ils pensent habituellement aux associations publiques (cc 301 § 1; 312-320) puisque la plupart des fidèles ignorent l'existence des associations privées et des associations *de facto*.

Les associations publiques peuvent être définies comme des « unions stables de fidèles, créées et auxquelles l'autorité compétente de l'Eglise qui a approuvé leurs statuts a donné une mission [et] qui possèdent [...] une personnalité publique ».[233] Seule l'autorité ecclésiastique compétente peut ériger des associations publiques (c 312)[234] qui se proposent de transmettre la doctrine chrétienne au nom de l'Eglise ou de promouvoir le culte public ou qui ont d'autres fins dont la mission est réservée à la même autorité ecclésiastique (c 301 § 1).

De par son érection, une association publique acquiert la personnalité publique et en même temps il lui est assigné une mission pour les buts qu'elle se propose de poursuivre au nom de l'Eglise (c 313).[235] Ainsi, l'exercice

---

[233] L. MEDROSO, *Associations of the Laity*.

[234] Néanmoins, les associations publiques n'ont pas le monopole de l'érection canonique puisque même une association privée peut être érigée. Ainsi, toutes les associations publiques sont érigées, mais toutes les associations privées ne le sont pas. Voir L. ECHEVERRIA, *Code de droit canonique*, 217. Pour les commentaires sur le canon 301, voir J.P. BEAL, *New Commentary*, 404, 409-410; et R.W. OLIVER, "Canonical Requisites," 232.

[235] Voir R. PAGÉ, "Associations of Christ's Faithful," 297; voir aussi L. MEDROSO, *Associations of the Laity*: "If in an association there is not such a presence of the authority in its birth, life and even in its extinction, it can be concluded that it is not a public association. It is in this broad and wide-ranging intervention of the authority that constitutes the difference in juridical regime between public and private associations."

de l'apostolat au nom de l'Église fait qu'une association soit publique.

Cependant, même les associations privées exercent leur apostolat au nom de l'Eglise. C'est pourquoi P. Valdrini n'accepte pas que cette expression soit réservée uniquement aux associations publiques. Néanmoins, selon le canon 313, de par leur érection, les associations publiques reçoivent « une reconnaissance officielle » de leur coopération à la mission de l'Eglise comme les autres communautés ecclésiales.[236]

Pour accorder cette personnalité juridique à une association de fidèles, l'autorité ecclésiastique compétente doit « approuver », et non pas simplement reconnaître, ses statuts. En outre, toute modification ultérieure des statuts devra être approuvée par la même autorité ecclésiastique (c 314). [237]

Normalement, toute association de fidèles devrait commencer au niveau diocésain avant que ne lui soit accordée une personnalité juridique à l'échelon national et international, à moins évidemment qu'elle ne soit fondée par le Siège Apostolique ou une conférence épiscopale. Au niveau diocésain, elle peut commencer comme association *de facto*, louée ou recommandée par l'autorité ecclésiastique compétente.[238]

---

[236] Voir P. VALDRINI, *Droit canonique,* 111. Voir également J. PASSICOS, «Du mandat à la mission exercée au nom de l'Eglise,» in *L'année canonique* 29 (1985-1986) 106-109 ; et CCCB, *Recognition,* 11.
[237] Pour un bon commentaire sur le canon 314, voir L. ECHEVERRIA, *Code de droit canonique,* 222 ; voir aussi J.P. BEAL, *New Commentary,* 421.
[238] Voir J.P. BEAL, *New Commentary,* 409-410.

La capacité du Saint-Siège et d'une conférence épiscopale[239] et de toute autre autorité ecclésiastique d'ériger directement une association publique de fidèles est prévue au canon 301 § 2 :

> L'autorité ecclésiastique compétente, si elle l'estime expédient, peut […] ériger des associations de fidèles pour poursuivre directement ou indirectement d'autres fins spirituelles, auxquelles il n'a pas été suffisamment pourvu par les initiatives privées.

Ce canon permet à l'autorité ecclésiastique compétente de répondre à un besoin ressenti et auquel les fidèles n'ont pas satisfait. Selon P. Valdrini,

> Le fait que l'autorité puisse, en forme de suppléance, ériger une association publique pour remplir une mission montre que la participation de groupes de fidèles à la mission de l'Eglise est constitutive. Dans la majeure partie des cas, le principe associatif demeure, puisque le substrat matériel de l'association est le résultat de la volonté de fidèles d'agir en commun. En effet, sans cette volonté, une telle association, même érigée par l'autorité, n'aurait pas de raison d'être.[240]

Le statut juridique d'une association de fidèles implique inévitablement certaines conséquences canoniques[241], dont la nomination ou l'approbation de

---

[239] Voir P. VALDRINI, *Droit canonique,* 118.
[240] P. VALDRINI, *Droit canonique,* 118.
[241] Voir P. VALDRINI, *Droit canonique,* 118.

l'élection du modérateur (c 317 § 1),[242] la nomination de l'aumônier ou assistant ecclésiastique (c 317 § 1), la révocation du modérateur pour une juste cause (c 318 § 2), la désignation d'un administrateur chargé de diriger l'association pour un temps au nom de l'autorité ecclésiastique compétente dans des circonstances spéciales et là où des raisons graves l'exigent (c 318 § 1).

Une association publique de fidèles, canoniquement érigée, administre ses biens temporels conformément à ses statuts et sous la haute direction de l'autorité ecclésiastique compétente (c 319 § 1). « Elle doit également rendre un compte fidèle à la même autorité de l'emploi des offrandes et aumônes reçues. » (c 319 § 2).[243]

Une autre conséquence grave découlant de l'acquisition de la personnalité juridique par une association de fidèles est que l'autorité ecclésiastique compétente peut supprimer l'association pour des causes graves (c 320 § 1 & 2). Toutefois, « l'association publique ne doit pas être supprimée par l'autorité compétente sans qu'aient été entendus le modérateur et les autres officiers majeurs » (c 320 § 3).

Ainsi, l'autonomie d'une association publique est limitée par l'intervention de l'autorité ecclésiastique compétente qui a approuvé les statuts selon les normes du droit (c 315).

---

[242] Le canon 317 § 4 fixe une exigence pour le modérateur : « Dans les associations publiques de fidèles ordonnées directement à l'exercice de l'apostolat, ne devront pas être modérateurs les personnes qui remplissent une charge de direction dans des partis politiques. »
[243] Pour plus d'informations sur les canons 315 & 319, voir R.W. OLIVER, "Canonical Requisites," 232 & 237.

Quant au recrutement des membres d'une association publique de fidèles, l'unique restriction est celle prévue au canon 316 § 1, qui stipule que « quiconque a publiquement rejeté la foi catholique ou s'est séparé de la communion de l'Église, ou est sous le coup d'une excommunication infligée ou déclarée, ne peut validement être admis dans les associations publiques. »

Il va sans dire que le renvoi d'une association publique de fidèles doit être menée comme prévu par le canon 316 § 2 au regard de ce qui est dit au canon 316 § 1. Le renvoi concerne uniquement les membres inscrits légitimement et qui tombent dans la situation énoncée au premier paragraphe de ce même canon.

Les associations de fidèles sont ainsi de véritables instruments d'évangélisation conformément aux dispositions de la loi et des exigences pour leur érection.

Conclusion

Le Code de 1983 consacre trente-deux canons aux associations de fidèles dans l'Eglise. Mais étonnamment, seulement trois d'entre eux traitent spécifiquement des associations de laïcs. Toutefois, le Code souligne que chaque association doit participer activement à la mission de l'Eglise à différents niveaux.

Les laïcs, désireux de s'associer et de fonder une association, devraient être bien conseillés par des canonistes sur les différentes catégories d'associations de fidèles dans l'Eglise. Ceci devrait aider à éviter tout malentendu et contribuerait à la promotion du bien commun de l'Eglise. Une plus grande attention devrait être accordée aux associations publiques de laïcs, en particulier celles qui opèrent au niveau national. Elles devraient être érigées par l'autorité ecclésiastique compétente, à savoir une conférence épiscopale.

Une association publique de fidèles, dirigée par les laïcs, reçoit sa mission par le décret qui l'a érigée (c 313) pour un territoire déterminé, qu'il soit diocésain ou national. Elle est gouvernée conformément aux normes contenues dans le Code de 1983, plus spécifiquement aux canons 312-320 et 327-329 et par ses propres statuts et règlements.

L'adverbe « librement » du canon 215 doit être mis en évidence : une association publique de laïcs devrait être dirigée, dans tous les aspects, par les laïcs « eux-mêmes » mais « sous la haute direction de l'autorité ecclésiastique […] » (c 315). Par conséquent, la liberté des laïcs de fonder et de diriger une association ne devrait être restreinte sous aucun prétexte sauf lorsque ladite association constitue une réelle menace pour la foi, la doctrine, l'ordre, la discipline et la charité dans l'Eglise.

Le CALCC, *Conseil de l'Apostolat des Laïcs Catholiques du Congo*, est un exemple typique d'une association publique de fidèles en RDC. Le chapitre suivant va se pencher sur son statut juridique.

CHAPITRE TROISIEME : LE STATUT JURIDIQUE DU CONSEIL DE L'APOSTOLAT DES LAICS CATHOLIQUES DU CONGO (CC 298-329)

INTRODUCTION

Compte tenu de l'impact croissant des laïcs sur la mission de l'Eglise en RDC, la Conférence Episcopale Nationale du Congo (CENCO) a créé le *Conseil de l'Apostolat des Laïcs Catholiques du Congo*[244] comme plate-forme autonome regroupant toutes les associations[245] et mouvements de laïcs.[246] L'objectif était de renforcer l'apostolat des laïcs en unissant leurs efforts dans une association, faite de toutes les associations de laïcs qui opéraient sur le territoire de la RDC. La plate-forme les rendrait plus efficaces et plus visibles dans le

---

[244] Ci-après dénommé *CALCC*.
[245] Les associations, membres de la plate-forme, sont ce que le Code de 1983 appelle « associations de fidèles » ou « associations de fidèles du Christ ». Elles sont régies par les canons sur les associations de fidèles (cc 298-329). En abordant le statut juridique du CALCC, il convient de garder à l'esprit le chapitre deuxième ci-haut.
[246] Voir les Statuts du CALCC, article 1 § 1. Ci-après dénommés *Statuts*.

domaine pastoral en agissant comme un seul corps relié à la hiérarchie.

Malheureusement, les gens ont dû réaliser que le CALCC ne fonctionnait pas selon les attentes de la CENCO. Comme mentionné dans ses statuts, ses membres sont tellement nombreux et dispersés que l'harmonie et l'efficacité sont très difficiles à atteindre.

Jusqu'à ce jour, le CALCC est encore inconnu dans un nombre important de diocèses et de paroisses. En même temps, plusieurs associations et mouvements de laïcs, supposés appartenir au CALCC en ignorent l'existence.

La plupart des raisons de cette situation peuvent être trouvées dans les origines du CALCC mais surtout dans son statut juridique. Ce dernier n'est pas clairement déterminé par les statuts, même si ceux-ci ont été approuvés par l'autorité ecclésiastique compétente qui a créé le CALCC.

Une autre complication surgit du fait qu'il n'y avait pas de décret d'érection du CALCC. Malgré tout cela, par le présent chapitre, on va tenter de déterminer son statut juridique en se référant au Code de 1983 et aux statuts de cette association. Toutefois, avant d'examiner le statut juridique du CALCC, il serait nécessaire de se pencher sur la situation des associations de laïcs en RDC avant la création dudit CALCC.

1. UN BREF APERÇU DES ASSOCIATIONS DE LAÏCS EN RDC.

Au niveau national, la promotion de l'apostolat des laïcs en RDC a commencé relativement tard par rapport aux autres églises particulières. Alors que le premier Congrès mondial de l'apostolat des laïcs a eu lieu à Rome en 1951, le premier Congrès national des laïcs en RDC a eu lieu en 1984, soit près de vingt ans après la clôture du Concile Vatican II. Cela signifie que, bien qu'il existait des associations de différentes sortes grâce auxquelles les laïcs congolais répondaient à leur vocation baptismale en participant à « la mission du clergé », ils n'étaient pas encore organisés au niveau national.

En effet, au cours des travaux du Concile Vatican II, les Evêques congolais « semblèrent particulièrement intéressés par les thèmes concernant les associations, un sujet qu'ils regroupaient plus souvent avec des questions concernant les fidèles laïcs en général ».[247] Ils souscrivirent à l'idée de créer des associations de fidèles pourvu qu'elles aident l'Église à mener à bien la mission reçue du Christ. Par conséquent, en encourageant la fondation des associations de fidèles en RDC, les Evêques avaient l'intention de revitaliser l'apostolat des laïcs qu'ils considéraient comme très utile à la mission évangélisatrice de l'Eglise.[248]

L'intention de la hiérarchie de l'Eglise congolaise était celle de promouvoir un apostolat adulte et

---

[247] R.W. OLIVER, "Associations of the Faithful in the Antepreparatory," 89-90. Voici le texte original: "[The Congolese Bishops] seemed particularly interested in themes concerning associations, a topic they most often grouped with issues regarding the lay faithful in general."

[248] CENCO, *Année Bienheureux Isidore BAKANJA. Exhortation aux laïcs catholiques*, Kinshasa, Secrétariat général de la CENCO, 2008, n° 12.

responsable chez les fidèles laïcs au niveau national[249] en implantant l'Action Catholique à travers de nombreuses organisations de laïcs, appelées « Mouvements d'Action Catholique » (MAC). L'Action Catholique était considérée comme une « *nécessité absolue* »[250] pour le ministère ecclésial en RDC juste avant et après le Concile Vatican II, afin de former et de promouvoir « des *militants convaincus* ».[251]

C'est ainsi que le Cardinal Joseph Albert Malula dit que les membres de l'Action catholique :[252]

> Engagés déjà dans différents mouvements d'Action [Catholique] et mouvements sociaux, vous exercez une certaine influence sur vos camarades et sur certains milieux de vie. […] Vous êtes responsables de la christianisation de cette société nouvelle ainsi que de ses institutions. C'est dans ces institutions que le Christ vous envoie pour jouer le rôle du levain dans la pâte ; aux difficultés nouvelles, aux problèmes nouveaux qui se posent vous devez apporter une solution chrétienne et conforme à la doctrine sociale de l'Eglise. Tout cela exige une certaine maturité d'esprit, des

---

[249] Voir L. de SAINT MOULIN, *Œuvres complètes du Cardinal Malula*, Collection Documents du Christianisme Africain, volume 6, *Textes concernant le laïcat et la société*, Kinshasa, Facultés Catholiques de Kinshasa, 1997, 9.
[250] L. de SAINT MOULIN, *Œuvres complètes du Cardinal Malula,* 15. C'est l'auteur qui souligne.
[251] L. de SAINT MOULIN, *Œuvres complètes du Cardinal Malula,* 15. C'est l'auteur qui souligne.
[252] Voir L. de SAINT MOULIN, *Œuvres complètes du Cardinal Malula,* 25. A cette époque, l'Archidiocèse de Kinshasa avait créé l'ACA (Action Catholique auprès des Adultes). Cet apostolat était fait par des prêtres.

connaissances approfondies des problèmes actuels, une formation spéciale, et […] une vie spirituelle basée sur des convictions personnelles bien solides.²⁵³

A la suite à cette préoccupation pastorale, les missionnaires « importèrent » de nombreux mouvements en provenance de leurs pays, les implantèrent et parfois les ajustèrent à leurs nouvelles missions en RDC.²⁵⁴ Ces mouvements étaient considérés comme des organisations très utiles, capables de contribuer à l'expansion des valeurs chrétiennes de charité et de justice dans la société congolaise. Parmi les nombreux mouvements d'alors, on pourrait en mentionner quelques-uns à titre illustratif : la J. O. C.,²⁵⁵ la *Pax Romana*, la *Legio Mariae*, les Scouts et la J. E. C.²⁵⁶

Outre ces mouvements chrétiens venus d'ailleurs, d'autres sont apparus au sein des églises locales. Les mieux connus sont : les Xavéris,²⁵⁷ un mouvement de jeunesse et les Mamans Catholiques,²⁵⁸ un groupe féminin destiné

---

[253] L. de SAINT MOULIN, *Œuvres complètes du Cardinal* Malula, 17-18. Voir aussi 82 & 92.
[254] Voir L. de SAINT MOULIN, *Œuvres complètes du Cardinal Malula*, 10.
[255] *Jeunesse Ouvrière Catholique*.
[256] Voir L. de SAINT MOULIN, *Œuvres complètes du Cardinal Malula,* 80-82. J.E.C. : *Jeunesse Estudiantine Catholique*.
[257] Voir L. de SAINT MOULIN, *Œuvres complètes du Cardinal Malula,* 92. Les *Xavéris* est un mouvement de jeunesse fondé par le Père Georges Defour, des Missionnaires d'Afrique, à Bukavu en 1952, à l'Est de la RDC.
[258] L. de SAINT MOULIN, *Œuvres complètes du Cardinal Malula,* 15. Les *Mamans Catholiques* est un mouvement des femmes

à stimuler les femmes chrétiennes congolaises pour participer activement au développement intégral de la RDC.

Un autre mouvement d'Action Catholique, opérant activement en RDC, est celui des *Bilenge ya Mwinda*,[259] un mouvement de jeunesse fondé dans l'Archidiocèse de Kinshasa, en 1972. Il invite les jeunes à lutter pour leur conversion, à donner un sens humain et chrétien à leur vie et à participer à la mission de l'Eglise. Les jeunes sont invités à rendre un témoignage fort à l'Evangile dans leur vie quotidienne.[260]

Dans ce vaste champ des mouvements apostoliques, on pourrait aussi signaler les innombrables associations des « anciens élèves » des écoles catholiques.[261] Elles étaient très actives vers les années 1970 et certaines sont encore dynamiques çà et là à travers le pays. Elles constituaient et constituent encore une présence chrétienne dans les milieux socio-politiques du pays.

---

fondé par le Cardinal Malula, Archevêque de Kinshasa, le 15.10.1986.

[259] *Bilenge ya Mwinda* (en lingala, une des quatre langues nationales de la RDC), signifie « les jeunes de lumière. » C'est un mouvement de jeunesse fondé par Mgr Ignace Matondo Kua Nzambi, ancien Evêque du Diocèse de Molegbe. La spiritualité de ce mouvement est ancrée dans l'initiation traditionnelle négro-africaine et l'Evangile, particulièrement l'Evangile selon Saint Jean. Les enseignements des *Bilenge ya Mwinda* sont articulés autour de ce qu'ils appellent les « Cinq D Négatifs » qui sont la *Débauche*, la *Drogue*, les *Débits de boissons*, le *Détournement* et le *Défoulement*.
Voir http://www.ademis.org/pop/matondo.html. Consulté le 20.05.2011.

[260] Voir L. de SAINT MOULIN, *Œuvres complètes du Cardinal Malula*, 12.

[261] Voir L. de SAINT MOULIN, *Œuvres complètes du Cardinal Malula*, 246.

Elles ont soutenu la sanctification personnelle de leurs membres et imprégné la société des valeurs évangéliques.

Aujourd'hui, beaucoup de nouvelles associations de laïcs voient encore le jour en RDC. Certaines parmi elles sont de « vieilles » associations venues des églises occidentales, mais beaucoup d'autres sont locales, issues des initiatives des laïcs. Très souvent, leurs fondateurs ne sont pas au courant de la législation sur les associations de fidèles dans l'Église. Ils ne se préoccupent donc pas du statut canonique de leurs associations. Ainsi, l'autorité ecclésiastique compétente devrait informer et former les fidèles, plus particulièrement les laïcs, sur les procédures canoniques relatives aux associations de fidèles.

2. L'IMPORTANCE DES STATUTS D'UNE ASSOCIATION DE LAÏCS

Le statut juridique d'une association peut être déterminé à partir de l'analyse de ses propres statuts, lesquels doivent refléter ce que l'initiateur perçoit comme rôle de ladite association dans l'église locale. En effet, le canon 304 § 1 fait obligation à toute association, d'avoir ses propres statuts :[262]

---

[262] Voir J.A. CORIDEN, *An Introduction*, 171: "Statutes are ordinances for juridic[al] persons, i.e., aggregates of persons or things, like universities, associations, hospitals, [and so forth]. The statutes spell out the purposes, constitutions, governance, and policies of such institutions. They resemble articles of incorporation and bylaws. They bind only the members or those who govern the juridic[al] person [c 94]."

> Toutes les associations publiques ou privées, quels que soient leurs titres ou leurs noms, auront leurs statuts, par lesquels sont définis le but ou l'objet social de l'association, le siège, le gouvernement et les conditions requises pour en faire partie, et sont déterminés les modes d'action, compte tenu des besoins ou de l'utilité de temps et de lieux.

L'approbation ou la reconnaissance des statuts d'une association de laïcs ou de toute autre association (cc 314 et 322 § 2)[263] par une autorité ecclésiastique compétente indique si l'association est privée ou publique. Selon J.P. Beal,

> Les statuts d'une association sont un élément important de sa condition juridique. Comme il était stipulé précédemment dans le canon 299 § 3, c'est l'examen de ses statuts qui apporte la reconnaissance à une association privée dans l'Église [...] Les statuts ont une telle importance parce qu'ils représentent l'élément stable d'une organisation, un peu comme une constitution pour un Etat. Ils constituent un élément de référence et pour les droits et pour les obligations des membres. Les statuts sont le rappel stable de la nature du groupe et de ses objectifs.[264]

---

[263] Voir J.P. BEAL, *New Commentary*, 411-412; voir aussi CCCB, *Recognition*, 17-18. Selon les Evêques Canadiens, "the canonical framework of the Code makes the statutes of an association of the faithful an essential element for its juridical status."

[264] J.P. BEAL, *New Commentary,* 405. Voici le texte original: "An association's statutes are a significant element of its juridic[al] condition. As was previously stated in canon 299 § 3, it is the review of its statutes which brings about the recognition of a private

A ce sujet, le préambule des statuts du CALCC est suffisamment clair quant à son but :

> Les statuts ne sont que des balises, des poteaux indicateurs pour permettre et faciliter une cohabitation harmonieuse et responsable des adhérents. Leurs succès dépendent donc de la volonté des personnes appelées à les appliquer.[265]

Par conséquent, pour comprendre une association de fidèles, il faut en connaître les statuts. Ceux du CALCC ont déjà connu trois versions : 1984, 1989 et 2006. Cette dernière version est *ad experimentum* jusqu'à nos jours. En analysant ces trois versions à la lumière des canons du Code de 1983 sur les associations, on devrait pouvoir déterminer le statut juridique dudit CALCC.

3. LA PRESENTATION DU CALCC

1. Un bref historique

a) Les origines

Dans les années 1970, des laïcs commencèrent à se rassembler afin de créer ce qui est finalement devenu

---

association in the Church [...] The statutes have such importance because they represent the stable element of an organization, somewhat like a constitution does for a state. They are a key point of reference for both the rights and obligations of the members. The statutes are the stable reminder of the group's nature and objectives." Voir également L. MEDROSO, *Associations of the Laity*; et A. MATENKADI, *Code de droit canonique*, 29.

[265] CENCO, *Statuts du conseil*, 6.

CALCC. Presque simultanément, les Evêques conçurent l'idée d'avoir un conseil de l'apostolat des laïcs en RDC. Ce conseil avait été préconisé par la XIIème Assemblée plénière des Evêques en 1975 et par la XIIIème Assemblée tenue en 1977.[266]

Toutefois, les laïcs voulaient participer à la mission de l'Église en tant que groupes constitués de laïcs. C'est ainsi qu'ils exprimèrent ce désir à la hiérarchie qui répondit en convoquant « le Premier Congrès des Laïcs » en RDC, en août 1984. Par la suite, la XXIème Assemblée plénière de l'épiscopat congolais approuva le CALCC en décembre 1984.[267] Ses statuts furent approuvés *ad experimentum* pour deux ans. Cette approbation marqua le début juridique du CALCC dont les membres, à cette époque-là, étaient des individus, c'est-à-dire des personnes physiques.

b) Le Saint Patron

L'article 1 § 2 des Statuts dit ceci : « Le Conseil de l'Apostolat des Laïcs Catholiques du Congo a pour Patron le Bienheureux Isidore BAKANJA ». Ce dernier est né vers 1885, à Bokendela, dans la Province de l'Équateur, au nord-ouest de la RDC. Il a été baptisé et confirmé en 1906, martyrisé en 1909, béatifié le

---

[266] Voir C. BAKADISULA BADILA KATUMBA, *Le rôle sociopolitique des laïcs chrétiens au Congo (RDC). Pour un laïcat dynamique*, Editions Universitaires, Toulouse, 2011, 318.
[267] Voir C. BAKADISULA BADILA KATUMBA, *Le rôle sociopolitique des laïcs chrétiens au Congo*, 318 : « [Ce conseil était] approuvé par la XXIème Assemblée plénière de l'épiscopat en décembre 1984 au niveau 'national' et 'provincial' ». C'est nous qui soulignons.

24/04/1994 et proclamé Patron des laïcs en 1999.[268] Sa fête est célébrée le 12 août.[269]

c) La devise

Une devise résume en quelques mots la nature et les objectifs d'une organisation ou d'une institution et le CALCC ne fait pas exception. Sa devise est: *Sal terrae et lumen mundi,* qui signifie « le sel de la terre et la lumière du monde » (Mt 5, 13-14).

Tous les membres du CALCC sont invités à être comme le levain dans la pâte (Lc 13:21), car l'objectif du CALCC est de transformer la société congolaise *ad intra* par le témoignage chrétien de ses membres dans leur vie quotidienne.

Cette devise reflète également ce que le Bienheureux Isidore Bakanja avait l'habitude de dire : « Pour moi, vivre c'est être chrétien »[270] (Phil. 1:21). Cette spiritualité, lorsqu'elle est associée à la devise du CALCC, constitue la pierre angulaire de la spiritualité des laïcs en général et du CALCC en particulier.

Toutefois, comme le dit un dicton populaire, « on ne donne que ce qu'on a ». Ainsi, l'ensemble du peuple de Dieu devrait posséder l'histoire chrétienne et en témoigner par la vie. Ce n'est qu'ainsi qu'ils peuvent

---

[268] Voir CENCO, *Année Bienheureux Isidore Bakanja*, 2.
[269] Le 12 août a été décrété « Journée Nationale du Laïcat » par la CENCO. A cette occasion, une collecte est organisée auprès des laïcs pour soutenir financièrement le fonctionnement des structures de la CENCO.
[270] Voir CENCO, *Année Bienheureux Isidore Bakanja*, 2.

véritablement être le levain dans le monde moderne, exercer un apostolat efficace et être considérés comme « apôtres » avec leur propre apostolat.[271]

Par conséquent, il est rappelé aux laïcs qui composent les associations membres du CALCC leur rôle évangélique et le devoir de transformer le monde *ad intra* par un authentique témoignage chrétien.

d) Les statuts du CALCC de 1989 [272]

Comme dit ci-haut, la première version des statuts fut approuvée *ad experimentum*, par la CENCO en décembre 1984, pour une période de deux ans. Cette approbation initiale peut être considérée comme le début officiel du CALCC, puisqu'une association publique de fidèles ne peut fonctionner que si ses statuts ont été approuvés par l'autorité ecclésiastique compétente.

Cependant, en 1986, la période *ad experimentum* fut prolongée pour une période de trois ans et enfin une nouvelle version révisée fut approuvée par la Conférence Épiscopale en 1989. Cette approbation marque le premier statut canonique accordé au CALCC puisqu'il était alors érigé comme association de fidèles.

---

[271] Voir M. SULLIVAN, *The Road to Vatican* II, 82; voir aussi JEAN PAUL II, *Christifideles laici* 15; et A.A. HAGSTROM, *The Emerging Laity*, 41. Hagstrom écrit ceci: "[The] aim [of *Christifideles laici*] is clearly to inspire a competent, generous, and resolute laity to embrace their responsibilities in the [Church] and in the world, 'calling them to live as salt for the earth and light to the world'." C'est nous qui soulignons.

[272] CONFÉRENCE EPISCOPALE DU ZAÏRE (CEZ), *Statuts et règlement intérieur du Conseil des Laïcs Catholiques du Zaïre*, Kinshasa, Editions du Secrétariat Général, 1991.

Pour comprendre la révision des statuts en 2006, il suffirait de mentionner certaines dispositions importantes des statuts de 1989. Quant à sa nature, le CALCC était considéré comme une « association sans but lucratif » (article 1 §§ 1 & 2) à laquelle il était demandé d'exercer ses activités en étroite relation avec la CENCO (la CEZ d'alors) par l'entremise de la Commission Episcopale pour l'Apostolat des Laïcs[273] (article 1 § 3).

Ces statuts faisaient du CALCC une structure de service et de dialogue entre la Conférence Episcopale et les laïcs. Le CALCC était censé s'impliquer activement dans les options épiscopales liées aux problèmes des laïcs catholiques de la RDC (article 4 § 1). Toutefois, puisque cette disposition ne disait pas que le CALCC était le seul moyen de communication entre les laïcs et la Conférence Episcopale, on peut supposer qu'il était tout simplement un moyen de communication avec la hiérarchie parmi tant d'autres.

Concernant le recrutement et l'adhésion des membres, l'article 5 des statuts de 1989 stipulait ce qui suit : « est membre de droit tout laïc résidant [en RDC] et professant la foi catholique » (§ 1); « est membre effectif tout membre de droit qui adhère aux statuts » (§ 2); « est membre d'honneur toute personne physique ou morale reconnue par [le CALCC] comme s'étant distinguée par ses actions personnelles ou collectives au bénéfice de l'association » (§ 3).

Il était donc clairement stipulé que les membres de l'association étaient des personnes physiques. Par

---

[273] *La Commission Episcopale pour l'Apostolat des Laïcs.* Ci-après dénommée *CEAL.*

conséquent, le CALCC était véritablement une association de laïcs, canoniquement érigée par l'autorité ecclésiastique compétente. Il avait reçu mandat de s'implanter sur l'ensemble du territoire national afin d'animer les laïcs.

À propos de réunions, les textes prévoient que le Congrès du CALCC a lieu tous les quatre ans en session ordinaire. Il est convoqué par le président du CALCC après approbation de la CEAL (article 16). Ce mode de convocation de réunions a été par la suite modifié.

Le mode de nomination des officiers majeurs du CALCC était décrit à l'article 18. Le premier paragraphe de cet article prévoyait que le président et ses deux vice-présidents devaient être nommés par la Conférence Episcopale, sur proposition du Congrès du CALCC. Tandis que, à la lecture du paragraphe trois, les deux secrétaires généraux et le trésorier national devaient être nommés par le Conseil National sur base de compétence et d'expérience.

Pour se conformer aux exigences du Droit Canon, les statuts du CALCC devaient être approuvés par la Conférence Episcopale (article 24). En plus, toute modification de ces statuts devait être faite, soit à l'initiative de la Conférence Episcopale, soit sur proposition des deux tiers des membres du Congrès (article 25 § 1). Toutefois, en cas d'urgence, la Conférence Episcopale pouvait modifier les statuts de sa propre initiative (article 25 § 2). On peut supposer que, dans ce cas, la Conférence Episcopale n'était pas obligée d'impliquer les officiers majeurs du CALCC.

Bien que dans les statuts de 1989 rien n'indiquait clairement que le CALCC était une association de fidèles, privée ou publique, on pourrait déduire des articles 1 § 1, 3 § 1, 4 §§ 1 et 3 et 24-27 qu'il était une association publique. On pourrait également supposer que les relations étroites qui étaient censées exister entre le CALCC et la Conférence Episcopale suggéraient son statut canonique.

En outre, selon l'article 26, dans des circonstances exceptionnelles, les Evêques pouvaient supprimer le CALCC s'ils le jugeaient nécessaire. Cette disposition renforce l'opinion que le CALCC est une association publique.

Le fait que le CALCC participe à la mission des Evêques en regroupant tous les laïcs dans une association, est une autre preuve qu'il s'agit d'une association publique,[274] conformément au canon 313, qui stipule que

> L'association publique comme la confédération d'associations publiques, par le décret même de l'autorité ecclésiastique compétente selon le can. 212 qui les érige, sont constituées en personne juridique et 'reçoivent la mission, dans la mesure où cela est requis, pour poursuivre au nom de l'Église les buts qu'elles se proposent elles-mêmes d'atteindre'.[275]

---

[274] Ce statut canonique du CALCC est tiré des Statuts de 1989. Bien qu'aucun décret d'érection de l'association n'ait été trouvé dans les archives du CALCC, ni à son siège, ni à la CEAL, il ne serait pas faux de dire que le CALCC est une association publique.
[275] C'est nous qui soulignons.

Enfin, selon le canon 314, « les statuts de toute association publique, ainsi que leur révision ou leur changement, ont besoin de l'approbation de l'autorité ecclésiastique à qui revient l'érection de l'association selon le can. 312, § 1 ». C'est exactement ce que l'article 25 des statuts de 1989 prévoit.[276]

Ayant constaté que les statuts de 1989 étaient inadéquats, la Conférence Episcopale prit la décision de les réviser.

2. Les statuts du CALCC et le Code de 1983 (cc 298-329)

Bien que cette section traite spécifiquement des statuts de 2006 et leur conformité aux canons 293-329 sur les associations de fidèles dans l'Eglise, elle doit être comprise à la lumière des observations faites au sujet des statuts de 1989. Par conséquent, seuls les canons qui permettent de clarifier le statut juridique du CALCC seront examinés ici.

a) La révision des statuts de 1989

D'après les statuts de 1989 et les attentes de l'autorité ecclésiastique compétente, le CALCC était censé être un instrument actif au service des laïcs pour leur formation humaine, spirituelle et intellectuelle. Il aurait dû constituer un soutien substantiel à la vie et à la

---

[276] Toutefois, toutes les tentatives d'obtenir le décret d'érection du CALCC après l'approbation de ses statuts, d'abord en 1984, puis en 1989, n'ont abouti à rien. Il n'y a absolument personne qui se souvient de l'existence de ce décret d'érection.

mission de l'Eglise, par ses activités auprès de la société congolaise. Malheureusement, puisqu'il n'a pas réussi à atteindre les objectifs fixés par ses propres statuts, la Conférence Episcopale n'avait pas d'autre choix que de réviser ces derniers.

La révision a abouti à une nouvelle version complètement refondue selon la vision des Evêques telle qu'elle apparaît dans le préambule :

> Le Conseil de l'apostolat des laïcs catholiques du Congo (CALCC) a 'beaucoup de peine à prendre racine' dans certains diocèses. 'Méconnu ici, inexistant là-bas ou pratiquement inopérant quand il existe', le CALCC 'n'a pas réussi à jouer le rôle de locomotive' qu'on attendait de lui. C'est pour y remédier que les statuts adoptés en 1989 et qui le régissaient jusqu'ici viennent d'être révisés. Cette révision veut 'faciliter une implantation effective' et 'un meilleur fonctionnement' du CALCC sur le terrain. Elle vise à organiser le laïcat dans 'une structure moins complexe' où les membres, qui désormais sont les mouvements et associations ecclésiaux des laïcs, 'témoignent de l'unité, la cohérence et la cohésion'.[277]

Ainsi, la Conférence Episcopale voulait beaucoup plus que juste une révision des statuts. Elle envisageait un changement réel dans l'organisation du laïcat congolais afin de présenter le CALCC comme la seule voix

---

[277] CENCO, *Statuts du Conseil de l'apostolat des laïcs catholiques du Congo (CALCC)*, Editions du Secrétariat Général de la CENCO, 2006, 3. C'est nous qui soulignons.

autorisée pour les laïcs[278] organisés en associations et en mouvements ecclésiaux.

Le 03/03/2006, la Conférence Episcopale a approuvé les Statuts *ad experimentum* pour une période de cinq ans. Ils sont entrés en vigueur le 12/08/2006,[279] en la fête du Bienheureux Isidore Bakanja.

b) Le mode de nomination

Les statuts doivent impérativement préciser le mode de nomination ou d'élection au sein de l'association, conformément à la loi universelle et aux normes particulières. L'article 16 des Statuts stipule que « le Président, le Vice-président, le Secrétaire général et le Trésorier du conseil national du CALCC sont nommés par la CENCO ». Quant au canon 317 § 1, il stipule que :

> Sauf disposition autre des statuts, il appartient à l'autorité ecclésiastique dont il s'agit au can. 312, § 1, de confirmer le modérateur de l'association publique élu par celle-ci, d'instituer celui qui a été présenté ou de le nommer de sa propre autorité; la même autorité ecclésiastique nomme le chapelain ou assistant ecclésiastique après avoir, là où c'est

---

[278] Voir CENCO, *Statuts du Conseil,* 5.
[279] Voir Statuts, article 26. Il s'agit de la deuxième approbation *ad experimentum* pour les statuts du CALCC. La première eut lieu en 1984 et fut renouvelée pour trois ans en 1986. Donc depuis le début du CALCC jusqu'aujourd'hui, les seuls statuts approuvés « définitivement » sont ceux de 1989. Cependant, ils ont régi le CALCC de 1989 à 2006. Cette situation montre combien le CALCC a lutté depuis le début pour devenir canoniquement plus stable et donc plus attractif.

opportun, entendu les officiers majeurs de l'association.

Les Statuts ne précisent pas si l'autorité ecclésiastique compétente confirme les personnes dont il s'agit à l'article 16, après avoir été élues par le CALCC lui-même. La Conférence Episcopale « nomme » ces personnes plutôt que de les « confirmer » ou de les « instituer ». Toutefois, le même canon prévoit que l'autorité ecclésiastique compétente a « le droit » d'agir ainsi seulement pour la nomination du modérateur et pas pour les autres officiers majeurs du CALCC. Ainsi, on pourrait se demander pourquoi la Conférence Episcopale a choisi ce dernier mode de provision plutôt que le premier.

Cependant, les Statuts ne mentionnent pas les circonstances qui peuvent faire que cette situation se produise et motiver la nomination des officiers majeurs du CALCC par l'autorité ecclésiastique compétente.[280]

En outre, les officiers majeurs en question (article 16) sont membres du Bureau du Conseil National du CALCC comme il est clairement indiqué à l'article 8. En effet, le Conseil National est composé du Président National, de tous les présidents provinciaux et de tous les présidents diocésains (article 7 § 2). De toute évidence, les articles 7 § 2, 8 et 16 ne s'accordent pas sur la

---

[280] Dans ce sens, avant de déposer le modérateur d'une association des fidèles, pour une « cause juste », l'autorité ecclésiastique compétente doit consulter les officiers majeurs de l'association. Voir canon 318 § 2. Pour plus de commentaires sur ce paragraphe, voir L. ECHEVERRIA, *Droit canonique*, 224 ; voir aussi J.P. BEAL, *New Commentary*, 400.

question de la nomination des officiers majeurs du CALCC.[281]

c) Les membres (article 5; cc 306-308)

Une des questions qui doit être réglée par les statuts d'une association de fidèles est celle du recrutement et de l'admission des membres. « Les membres constituent l'élément le plus important de l'association de fidèles. Ils sont ses principaux agents […]. Les lois protègent les droits et les obligations des membres ainsi que de l'association elle-même ».[282] Il va sans dire que si une association de fidèles ne peut pas recruter des membres et les conserver, elle doit être déclarée non viable. L'autorité ecclésiastique compétente qui l'a érigée peut la supprimer légalement.

Cette section est très pertinente, car dans les Statuts en vigueur, les membres du CALCC ne sont plus des personnes physiques mais plutôt des associations et des mouvements de laïcs (article 1 § 1).

Conformément aux Statuts, le CALCC comprend trois catégories de membres, à savoir : les membres de droit, les membres effectifs et les membres d'honneur (article 5). Le paragraphe un de l'article 5 stipule que « est membre de droit, toute association ou mouvement des fidèles créé conformément aux dispositions des

---

[281] Une solution provisoire à ce « conflit » sera proposée au quatrième chapitre.
[282] J.P. BEAL, *New Commentary*, 406-407. Voici le texte original: "Members constitute the most important element of an association of the faithful. They are its principal agents […]. The statutes protect the rights and duties of the members as well as of the association itself." Voir également CCCB, *Recognition,* 19.

canons 216 et 312 § 1 n° 2 ».[283] Malheureusement ou curieusement, ce paragraphe ne précise pas si toutes les associations et tous les mouvements de laïcs sont *de facto* membres du CALCC.

Le paragraphe deux de ce même article stipule que « est membre effectif, tout membre de droit qui adhère aux statuts. » Cette disposition ne précise pas le mode d'adhésion aux statuts. Toutefois, le paragraphe suggère que le fait d'être membre de droit ne suffit pas pour être membre effectif du CALCC. On pourrait même présumer qu'une association de fidèles désireuse d'être membre du CALCC devrait « signer un acte d'adhésion »[284] aux Statuts afin de devenir sujet de droits et d'obligations au sein du CALCC.[285]

Le paragraphe trois de l'article 5 prévoit une exception à l'article 1 § 1. Il y est dit qu'une personne physique peut être membre d'honneur du CALCC. Il est difficile d'intégrer cette catégorie de membres dans le

---

[283] Le canon 216 est libellé comme suit : « Parce qu'ils participent à la mission de l'Église, tous les fidèles, chacun selon son état et sa condition, ont le droit de promouvoir ou de soutenir une activité apostolique, même par leurs propres entreprises [...] Alors que le canon 312 § 1 n° 2 stipule que : « Pour ériger les associations publiques, l'autorité compétente est [...] pour les associations nationales, qui du fait de leur érection sont destinées à exercer leur activité dans toute la nation, la conférence des Évêques dans son territoire ».

[284] Étant donné que le sens de « adhérer » et les méthodes d'adhésion ne sont pas donnés ici, on peut supposer que les candidats à l'adhésion au CALCC doivent signer un engagement de mise en application des Statuts.

[285] Au cours d'une conversation, le 02 /08/2011 au siège du CALCC à Kinshasa, un membre du Bureau du Conseil National nous a déclaré ce qui suit : « Jusqu'aujourd'hui, pas une seule association n'a adhéré aux statuts du CALCC ». De cette façon, l'on peut conclure que le CALCC est resté sans membres jusqu'à présent.

profil général du CALCC, supposé être composé d'associations et de mouvements de laïcs plutôt que de personnes physiques. Logiquement, même les membres d'honneur devraient tous être des personnes juridiques sans pourtant exclure les bienfaiteurs physiques qui ne seraient pas pour autant et nécessairement membres du CALCC.

d) Les objectifs

Les Evêques congolais décrivent les objectifs du CALCC en ces termes :

> Un laïcat mieux organisé, conscient de son importance numérique et de la noblesse de sa mission de sel et de lumière dans tous les milieux de vie sera d'un apport inestimable dans la diffusion des messages, la vulgarisation des déclarations et la répercussion des décisions de la Hiérarchie. Il pourra aussi donner ce qu'on attend de lui, c'est-à-dire être plus efficace, dans la prise en charge matérielle de son Eglise et peser de tout son poids sur la marche sociopolitique du pays.[286]

Ces objectifs sont détaillés par les articles 3 § 1 et 4 § 2. Il y est clairement indiqué que le CALCC exerce son apostolat au nom de l'Église. C'est ainsi que de nouveau, selon le canon 313, il peut être dit que le CALCC est une association publique de fidèles.[287]

---

[286] CENCO, *Statuts du Conseil*, 5.
[287] Cette question du statut juridique du CALCC sera abordée plus loin dans ce chapitre.

e) L'administration des biens temporels (article 17 § 4; c 319)

Toute association de fidèles a besoin d'un minimum de moyens matériels pour atteindre ses objectifs et accomplir ainsi sa mission dans l'Eglise et dans la société. Le Code de 1983 appelle ces moyens matériels « biens temporels »,[288] constitués de biens meubles et immeubles (c 1270) : les finances, les propriétés foncières, les bâtiments, le bétail et tout genre d'objets d'une certaine valeur. Étant donné que ces biens sont « des biens ecclésiastiques », ils doivent être administrés conformément à la loi et aux statuts de chaque association de fidèles (c1257 § 1).

C'est pourquoi on peut lire dans les Statuts, à l'article 17 § 4, ce qui suit :

> Le CALCC administre selon les statuts les biens qu'il possède sous la haute direction de l'autorité ecclésiastique dont il s'agit au canon 312 § 1 et il doit lui rendre compte annuellement de son administration. Il doit également rendre un compte fidèle à la même autorité de l'emploi des offrandes et aumônes reçues […].

---

[288] Le Code de 1983 traite des biens temporels au Livre V (cc 1254-1310). Pour plus de commentaires, voir CCCB, *Recognition,* 33: "All temporal property of a public juridical person in the Church is considered, in virtue of [canon] 1257, as ecclesiastical goods and so governed by the canons regulating the acquisition and administration of the temporal goods of the Church ([cc] 1254-1310). A public association of the faithful follows these norms too [canons 319 §§ 1 & 2]." Toutefois, l'association publique reste propriétaire de ses biens temporels (c 1256).

Cet article reproduit, presque mot à mot, le canon 319 §§ 1 & 2. En outre, ce dernier canon précise que cette disposition juridique concerne les associations publiques. Dans ce cas, la mention « sous la haute direction » se réfère uniquement aux associations publiques, alors que le canon 325 § 1 stipule que

> L'association privée de fidèles administre 'librement' les biens qu'elle possède selon les dispositions des statuts, restant sauf 'le droit' qu'a l'autorité ecclésiastique compétente de veiller à ce que les biens soient employés aux buts de l'association.[289]

Ainsi, pour mieux comprendre comment les biens temporels du CALCC devraient être administrés, il est très important de déterminer son statut juridique. Car à tel statut juridique donné correspond un type de relations entre la hiérarchie et une association de fidèles.

f) Les relations avec la hiérarchie

Comme il a été dit plus haut, la Conférence Episcopale a créé le CALCC avec l'intention déclarée d'encourager les laïcs à se regrouper au sein d'une plate-forme autonome composée d'associations et de mouvements de laïcs (article 1 § 1). Selon les Evêques congolais, il y avait un réel besoin dans l'Eglise. Il fallait coordonner toutes les activités de laïcs afin de les rendre plus efficaces. Ainsi le fait même de créer le CALCC

---

[289] C'est nous qui soulignons.

constitue le premier degré de la relation entre les deux organisations.

Le deuxième degré de relations est le fait que le CALCC exerce ses activités sous la vigilance[290] de la Conférence Episcopale (article 1 § 3). Les choses ne pourraient être envisagées autrement. Par conséquent, comme toute autre association de fidèles dans l'Eglise, le CALCC est lié à la hiérarchie en tout ce qu'elle entreprend. R. W. Oliver l'exprime de la manière suivante:

> [Le Concile Vatican II] devrait exiger que toutes les associations obtiennent l'autorisation des autorités ecclésiastiques avant de s'engager dans des activités apostoliques et confirmer le droit de vigilance de l'évêque sur toutes les associations, en indiquant explicitement la subordination de toutes les œuvres d'apostolat à son autorité. Un principe fut suggéré dans plusieurs lettres et plus tard répété à divers points au cours de la phase conciliaire, que rien ne soit fait dans un diocèse 'sans l'évêque' (*nihil sine Episcopo*).[291]

---

[290] Pour plus d'informations sur le canon 305, à propos de la vigilance canonique de l'autorité ecclésiastique compétente, voir J.P. BEAL, *New commentary*, 406 ; voir aussi R.W. OLIVER, "Canonical Requisites," 224-225.

[291] R.W. OLIVER, "Associations of the Faithful in the Antepreparatory," 96. Voici le texte original: "The council [of Vatican II] should require all associations to obtain permission from ecclesiastical authority before engaging in any apostolic activities and confirm the bishop's right of vigilance over all associations, stating explicitly the subordination of all works of the apostolate to his authority. A principle was suggested in several letters, and later repeated at various points during the conciliar phase, that nothing be done in a diocese 'without the bishop' (*nihil sine Episcopo*)." C'est l'auteur qui souligne.

En bref, on peut dire que les relations entre le CALCC et la Conférence Episcopale consistent dans le fait que le premier s'appuie sur la seconde dans toutes ses activités. Cette réalité est expressément exposée dans les articles 4 et 7 § 1 comme la conséquence normale de l'approbation des Statuts par les Evêques (article 21). La hiérarchie et le CALCC s'engagent dans une sorte de relation qualifiée de « haute direction » (c 315) qui « se réfère au pouvoir que l'autorité a sur les associations qu'elle a érigées. »[292]

g) Les relations avec les autres associations de laïcs

A chaque association de laïcs, où qu'elle se trouve et quel que soit son charisme, il est instamment demandé d'interagir avec les autres associations de laïcs qui existent sur le même territoire (c 328). En agissant ainsi, les associations de laïcs unissent leurs efforts afin de réaliser ensemble des œuvres chrétiennes de charité et de piété là où leurs membres vivent. Les dirigeants des associations de laïcs doivent garder un œil sur cette disposition pour que leurs associations ne donnent pas l'impression d'être déconnectées des réalités de l'église locale.

---

[292] L. MEDROSO, *Associations of the Laity*. Pour Medroso, l'expression 'higher direction' est différente de 'due relation'. La deuxième se rapporte à la puissance de l'autorité sur les associations des fidèles créées librement dans le respect de la foi, de la morale et de la discipline ecclésiastique.

Dans le cas du CALCC, l'article 3 § 3 statue que cette plate-forme a comme objectif d'assurer une courroie de transmission entre les associations et mouvements d'apostolat de laïcs et leurs pasteurs. Le CALCC vise donc à coordonner l'apostolat de l'ensemble des associations de laïcs (article 3 § 2) dans le but de les faire participer à la mission de l'Eglise.[293] Il ne peut atteindre cet objectif que s'il est proche des associations de laïcs, là où elles existent.[294] J. P. Beal renchérit en disant :

> Lorsque la législation sur les associations de fidèles est revue dans son intégralité, il est clair qu'aucune association ne peut se renfermer sur elle-même ou se concentrer uniquement sur le bien propre et exclusif de ses membres. Plusieurs canons invitent – tout au moins – à l'ouverture à la coopération avec d'autres associations.[295]

En effet, le CALCC, étant une plate-forme d'associations (article 1 § 1), est censé être relié automatiquement à toutes les associations et mouvements de laïcs qui sont « ses membres naturels ». Aussi bien le CALCC que tous ses membres, « doivent être 'un signe

---

[293] Voir CENCO, *Statuts du Conseil*, 5.
[294] Voir R.W. OLIVER, "Canonical Requisites," 233.
[295] J.P. BEAL, *New Commentary*, 419. Voici le texte original: "When the legislation on associations of the faithful is reviewed in its entirety, it is clear that no association can close in on itself, or focus solely on the proper and exclusive good of its members. Several canons call for – at the very least – openness to cooperation with other associations."

de communion' en eux-mêmes et pour toute la communauté ecclésiale. »[296]

4. Le statut juridique du CALCC (cc 312-320)

Au vu tout ce qui vient d'être dit ci-dessus, il devrait être possible de déterminer le statut juridique du CALCC. Connaître le statut juridique de cette plate-forme d'associations de laïcs devrait consolider son rôle auprès des laïcs et améliorer ses relations avec la Conférence Episcopale.

Dans une certaine mesure, le statut juridique du CALCC pourrait être facilement tiré de l'analyse canonique des Statuts à la lumière du Code de 1983. La situation actuelle du CALCC, qui semble être ambivalente, doit être examinée afin de préciser son statut juridique ou sa personnalité juridique.[297]

Comme dit plus haut, pour qu'une association de fidèles acquière la personnalité juridique, elle doit soumettre ses statuts à l'autorité ecclésiastique compétente, pour obtenir « leur

---

[296] M. DOLAN, *Partnership in Lay Spirituality*, 69. C'est l'auteur qui souligne.
[297] Pour plus d'informations sur « la personne juridique » ou « la personnalité juridique » dans l'Eglise, voir le glossaire à la fin de ce travail. Le Code de 1983 distingue « la personne physique » et « la personne morale » (cc 96-123).

reconnaissance » ou « leur approbation ».[298] Ces deux actes de l'autorité ecclésiastique compétente sont déterminantes pour le statut juridique dans la mesure où elles contiennent le degré du contrôle à exercer sur une association de fidèles.

1. Une association publique de laïcs (c 301 § 3)

Le canon 301 § 3 stipule que « les associations de fidèles 'érigées'[299] par l'autorité ecclésiastique compétente sont appelées associations publiques ». Cette disposition est très claire : ce qui détermine cette catégorie d'associations de fidèles est « l'érection légale » par l'autorité habilitée à le faire. De plus, on peut dire que lorsqu'une association est canoniquement érigée, elle reçoit simultanément une mission spéciale. En effet, le canon 313 indique:

> L'association publique comme la confédération d'associations publiques, par le décret même de l'autorité ecclésiastique compétente selon le can. 212 qui les érige, sont constituées en personne juridique et reçoivent la mission, dans la mesure où cela est requis, pour poursuivre au nom de l'Église les buts qu'elles se proposent elles-mêmes d'atteindre.[300]

---

[298] Voir le chapitre premier ci-dessus.
[299] C'est nous qui soulignons.
[300] C'est nous qui soulignons.

Comme il a été signalé plus haut, les Statuts, toujours en vigueur, ont été approuvés[301] par la Conférence Épiscopale en 2006, conformément à l'article 21 et au canon 313.[302] Dans ce cas, l'autorité ecclésiastique compétente est la CENCO qui a assigné au CALCC une mission sur l'ensemble du territoire de la RDC (c 312 § 1, 2°).

Ainsi, l'approbation de 2006 donne au CALCC le statut juridique « d'association publique », comme mentionné dans les Statuts (article 1 § 1). Toutefois, il faut rappeler que le CALCC a reçu sa mission dans l'Eglise de la part de la Conférence Episcopale (article 4 § 1) dès la première érection comme association publique[303] en 1984.[304]

---

[301] Voir CENCO, *Statuts du Conseil*, 3. Le terme « adopté » est employé ici au lieu de « approuvé. » On peut supposer que la Conférence Episcopale a voulu dire « approuvé » en employant le terme « adopté. » Pour plus d'informations sur le terme « approbation », voir le glossaire à la fin de ce travail.

[302] Toutes les associations et tous les mouvements ecclésiaux de la RDC, qui sont *ex officio* membres du CALCC, ont été priés d'envoyer leurs amendements aux Statuts *ad experimentum*. Malheureusement, presque cinq ans plus tard, pas une seule association n'a envoyé le moindre amendement. En outre, au cours des cinq dernières années, aucune réunion annuelle du Conseil National du CALCC n'a eu lieu tel que prévu par l'article 14 des Statuts. Par conséquent, la CEAL a demandé une prorogation de la période *ad experimentum*. La Conférence Episcopale y a répondu au cours de sa session de juin 2011. En effet, le Comité Permanent a décidé d'étendre la période *ad experimentum* de quatre ans, à dater de juin 2011 (voir CENCO, *Décision du Comité Permanent 13-16 juin 2011*, Kinshasa, Secrétariat Général, 2011, 2 [décision n° 16]).

[303] À ce stade de l'analyse du statut juridique du CALCC, le nom « association » peut être conservé avant de discuter sa véritable nature. Ce sujet sera traité dans la section suivante sur la « confédération des associations et organe institutionnel ».

En outre, le fait que les Statuts étaient approuvés et pas simplement reconnus, suggère aussi que le CALCC est une association publique (article 21). Les Evêques Canadiens expliquent cette position en ces termes :

> Par son érection, une association publique acquiert la personnalité juridique. Il est évident, alors, que ses statuts doivent être approuvés par l'autorité [ecclésiastique] et pas seulement reconnus comme dans le cas d'une association privée (c 299). Le canon 314 répète, mais avec plus de détails, le principe donné au canon 117.[305]

Comme énoncé dans les Statuts, le CALCC est considéré par la CENCO comme une « structure » de service et de dialogue (article 4 § 1). Une structure peut être comparée à un organe ou une institution de tout genre. Il s'agit ici d'une structure juridique érigée par la Conférence Episcopale afin de mener à bien les activités énumérées à l'article 4, qui consistent notamment à promouvoir la réalisation et la consolidation de l'activité pastorale de toute l'Eglise particulière de la RDC (article 4 § 2, 2).

---

[304] Voir CEZ, *Statuts et règlement intérieur du Conseil*, 1. Le 16.08.2011, au siège du CALCC, M. Célestin Ohote, coordinateur des *Amis de la prison*, nous a déclaré que le CALCC était déjà actif avant 1984, mais sans aucun statut juridique. Le 07.09.2011, Mr Crispin Nlanda Ibanda, le Président du Bureau National du CALCC, nous a dit au téléphone qu'il n'y avait pas de décret d'érection du CALCC. Il a ajouté que l'approbation des Statuts par la Conférence Épiscopale en 1984 était considérée comme un décret d'approbation.
[305] CCCB, *Recognition*, 28; voir aussi J.P. BEAL, *New Commentary*, 410.

Étant donné le statut juridique d'association publique du CALCC, un problème se pose quant au statut juridique de ses membres. Canoniquement parlant, une association de fidèles est composée de personnes physiques (cc 204 § 1; 215; 298 § 1; et 307 § 2 & 3). Mais étonnamment, le CALCC est composé de personnes juridiques. Cette disposition juridique signifie que seules les associations de fidèles peuvent être membres du CALCC[306] et non des individus, c'est-à-dire que tout membre du CALCC devrait non seulement être une association publique, mais aussi une association nationale.

Il n'y a pas de doute que les Statuts indiquent avec précision que le CALCC est une association publique créée conformément au Code de 1983. Cette association a obtenu son statut juridique par l'approbation même des Statuts, dès le début de l'année 1984 et lorsque la CENCO a approuvé les nouveaux statuts *ad experimentum*. Sa mission est à exercer sur tout le territoire national de la RDC. Ses membres sont des personnes juridiques, sauf les membres d'honneur qui sont des personnes physiques.

Ce statut juridique a des conséquences sur la façon dont l'autorité ecclésiastique compétente doit exercer sa vigilance et sa supervision sur le CALCC. Et pourtant, un certain degré d'autonomie est accordé à cette plate-forme d'associations et de mouvements de laïcs.

---

[306] Voir la section sur l'adhésion des membres au chapitre deuxième ci-dessus.

2. Une confédération d'associations de laïcs et un organe institutionnel

Cette section traitera de deux expressions différentes : « confédération d'associations de laïcs » et « organe institutionnel ». Ces deux réalités seront appliquées, *mutatis mutandis,* au CALCC afin de vérifier s'il est conforme à ce qu'elles signifient juridiquement.

a) Une confédération d'associations de laïcs

Dans toute tentative de déterminer le statut juridique et la nature du CALCC, on devrait se reporter au canon 313 qui mentionne quelque chose qui peut correspondre au CALCC.

En effet, le canon 313 introduit une innovation qui n'existait pas dans le Code de 1917:[307] la confédération des associations publiques. Cependant, elle ne définit pas cette nouvelle notion pas plus qu'elle ne décrit une association de fidèles. Commentant le canon 313, J.P. Beal écrit :

> Ce que le canon 313 déclare à propos des associations publiques s'applique aussi aux confédérations des associations publiques. Dans le Code, il n'est nulle part question de ces confédérations. Puisque le canon 313 les place au

---
[307] Voir L. ECHEVERRIA, *Code de droit canonique,* 222.

même niveau que les associations publiques en ce qui concerne leur érection, on peut conclure qu'il peut y avoir des groupes d'associations publiques qui sont des confédérations [*de facto*] et qui n'ont pas besoin d'être érigées par l'autorité compétente. Si elles sont érigées, elles obtiennent la personnalité juridique publique ou privée, selon qu'elles reçoivent une mission pour agir au nom de l'Eglise.[308]

Les Statuts emploient l'expression « plate-forme des associations » qui peut être considérée comme l'équivalent de « confédération d'associations publiques ». La nuance ici, c'est que la confédération, dans le sens canonique, est composée d'associations publiques. Cette précision peut aider à comprendre ce que le CALCC devrait être au regard de ses membres qui doivent être des associations publiques.

Le canon 313 peut être connecté aux Statuts à travers les articles 1 § 1 et 4 § 1. Dans ces articles, le

---

[308] J.P. BEAL, *New Commentary*, 410. Voici le texte original: "What canon 313 says about public associations also applies to confederations of public associations. Such confederations are treated no-where else in [the Code]. Since canon 313 places them on the same level as public associations in regard to their [establishment], one may conclude that there can be groupings of public associations which are de facto confederations and which need not be [established] by competent authority. If they are [established], they obtain public or private juridic[al] personality, depending on whether they receive a mission to act in the name of the Church." Voir aussi CCCB, *Recognition*, 27. Les Evêques Canadiens expliquent que "a confederation of public associations has to be established by competent authority, thereby receiving juridical personality. One could also here mention that there can exist diocesan confederations, national confederations and international confederations, and at each level the competent authority is as indicated in [canon] 312."

CALCC est décrit comme une « structure de service et de dialogue » et « une plate-forme d'associations et de mouvements de laïcs ». La conséquence en est que le CALCC est en même temps une confédération des associations publiques et une plate-forme. Bien qu'il soit impossible d'affirmer que les associations supposées être membres du CALCC sont des associations publiques, il reste vrai que c'est comme cela que les choses devraient se présenter.[309]

En outre, une confédération d'associations (c 313) est un groupe d'associations regroupées afin de réaliser ensemble un certain nombre d'activités pour le bien de leurs membres et pour le bien commun de l'Eglise.

Certaines questions surgissent de cet état de choses. Une plate-forme d'associations peut-elle être appelée association? Une « structure de service et de dialogue » peut-elle être une association de fidèles? Une association de fidèles peut-elle être composée de personnes juridiques? Ces questions ramènent à la surface des sujets qui doivent être abordés en vue de clarifier, une fois de plus, le statut juridique du CALCC.

Quelques exemples peuvent aider à comprendre les expressions « confédération d'associations publiques » et « plate-forme des associations de laïcs ». Le premier exemple serait une plate-forme politique. Celle-ci est un ensemble de partis politiques. Elle-même n'est pas un parti politique. En effet, un parti politique est composé de personnes physiques, tandis

---

[309] En effet, jusqu'aujourd'hui, il a été très difficile d'avoir une idée sur les membres réels du CALCC. C'est pourquoi, dans ce travail, partout où il est fait mention des membres, il faudrait sous-entendre « membres potentiels ».

qu'une plate-forme politique est constituée uniquement de personnes juridiques.

Un deuxième exemple est celui de la Confédération Internationale des Universités Catholiques. Elle n'est pas une université mais un ensemble d'universités catholiques qui constitue un forum de discussion, de concertation, de collaboration et d'échange (c 820).

Un dernier exemple est celui d'une Conférence des Supérieurs Majeurs. Ce n'est pas un institut de vie consacrée. Il s'agit plutôt d'une structure qui permet la concertation et la collaboration entre supérieurs majeurs pour le bien de chaque institut tout en respectant l'autonomie, la nature et l'esprit de chacun (c 708). Toutefois, une Conférence des Supérieurs Majeurs doit avoir ses propres statuts approuvés par le Saint-Siège et peut ainsi obtenir la personnalité juridique (c 709).

En créant le CALCC, la CENCO répondit à un besoin exprimé par les Pères Conciliaires, celui d'avoir une organisation dont la mission serait de coordonner et de renforcer l'apostolat des laïcs. Commentant ce besoin, R.W. Oliver rapporte ce qui suit :

> Pour répondre plus largement aux besoins d'une meilleure communication, la coordination des efforts et de la collaboration entre les associations, un nombre substantiel d'évêques a suggéré que de 'nouveaux conseils' soient formés pour regrouper les associations aux niveaux paroissial, diocésain, 'national' ou international, y compris 'l'érection d'un nouveau dicastère Roman'.[310]

---

[310] R.W. OLIVER, "Associations of the Faithful in the Antepreparatory," 97. Voici le texte original: "To address broader

Ainsi, le Conseil Pontifical pour les Laïcs et plusieurs autres organisations de laïcs furent créés à la suite de cette décision du Concile afin de coordonner « la participation responsable des fidèles laïcs »[311] à la mission de l'Eglise. En effet, le Concile Vatican II avait déclaré que

> Au plan des diocèses il faudrait autant que possible qu'il y ait 'des conseils'[312] qui soutiennent le travail apostolique de l'Église tant sur le plan de l'évangélisation et de la sanctification que sur le plan caritatif, social et autre [...]. Ces conseils pourront aider à la coordination mutuelle des diverses associations ou initiatives des laïcs en respectant 'la nature propre et l'autonomie de chacune'. Des conseils semblables, autant que faire se peut, devraient être constitués au plan paroissial,

---

needs for better communication, coordination of efforts, and collaboration among associations, a substantial number of bishops suggested that new councils be formed for bringing together associations on the parochial, diocesan, national, or international levels, including the 'establishment of a new Roman dicastery'." C'est nous qui soulignons.

[311] PCL, *History and Purpose*. Accessible sur : http://www.vatican.va/roman_curia/pontifical_councils/laity/docume nts/rc_pc_laity_doc_25021999_pclaity_en.html. Consulté le 05.07.2010. Le Conseil Pontifical pour les Laïcs a été officialisé par le Pape Paul VI le 06.01.1967 par le *motu proprio Catholicam Christi Ecclesiam*. Il se définit comme "a dicastery of the Roman Curia that assists the Holy Father in the exercise of his supreme office for the good and the service of the universal Church and the particular Churches, as regards the promotion and coordination of the lay apostolate and, in general, the Christian life of lay people."

[312] Vatican II a préféré employer le terme "conseil" au lieu de "confederation" ou "structure" ou encore "ensemble".

interparoissial, interdiocésain, voire même au plan national et international (*AA* 26).[313]

Le fait qu'une association de laïcs adhère à une confédération ou à une plate-forme d'associations ne change ni sa nature ni son statut juridique.

b) Un organe institutionnel

Créé par la CENCO, sur le modèle du CPL et conformément à la décision conciliaire ci-dessus, le CALCC peut être considéré comme un « organe institutionnel » au sein de l'Eglise de la RDC. Ceci pourrait être la raison pour laquelle le Président et son Adjoint, le Secrétaire Général et le Trésorier du Conseil National du CALCC sont nommés par la Conférence Episcopale (article 16). C'est pourquoi aussi, malgré l'autonomie du CALCC (article 1 § & 1), la hiérarchie exerce fortement son autorité sur la plate-forme comme sur sa propre institution.

Le Pape Paul VI, en parlant du CPL et en le qualifiant de « nouveau corps »[314] dit que l'interrelation de l'apostolat des laïcs avec la hiérarchie constitue deux forces qu'il est impossible, dans la constitution de l'Eglise, d'imaginer divergentes.[315] Cette déclaration du

---

[313] C'est nous qui soulignons.
[314] Voir PCL, *History and Purpose*. Le CPL se considère comme un « new body», un « nouvel organe ».
[315] Voir Paul VI, in *Insegnamenti* V (1967) 208 ff. Cité par le CPL, *History and Purpose*.

Pape peut être, *mutatis mutandis*, comparée à ce qui est dit aux articles 3 § 3 et 4 § 1.

En effet, l'un des objectifs du CALCC est de maintenir les relations avec les autres structures, telles que le Conseil Pontifical pour les Laïcs et l'Equipe Panafricaine pour la Coordination des Laïcs (article 4 § 6). A ce niveau, le CALCC fonctionne comme un organe institutionnel composé de différentes associations de laïcs.

En bref, on peut dire que le CALCC est un « organe institutionnel », une « structure de gouvernement » à travers laquelle la CENCO exerce sa vigilance sur toutes les associations et mouvements de laïcs. Cette affirmation découle de l'analyse des Statuts à la lumière du Code de 1983.

CONCLUSION

Le but du chapitre troisième était de déterminer le statut juridique du CALCC à partir du droit ecclésiastique et de ses propres statuts qui stipulent clairement que le CALCC est « une plate-forme autonome des associations et des mouvements des laïcs ». Malheureusement, il a failli à sa mission.

Une des raisons de l'échec du CALCC dans « sa version de 2006 »,[316] peut être trouvée dans le fait qu'il ne s'est pas développé à partir des besoins locaux exprimés par les laïcs. Dans sa forme actuelle, le CALCC est une structure créée par la CENCO et « transmise » aux laïcs.

---

[316] Cette expression est employée pour désigner le CALCC tel qu'il apparaît dans les Statuts de 2006.

Et pourtant, il aurait dû surgir des laïcs eux-mêmes, ayant senti le besoin de se regrouper au sein d'une « superstructure » composée d'associations publiques de laïcs au niveau national.

Cependant, dans « sa version de 1989 », le CALCC était une véritable association de laïcs. En effet, les statuts de 1989 montrent suffisamment que la nécessité d'une association de laïcs au niveau national provenait des communautés chrétiennes locales, c'est-à-dire des laïcs eux-mêmes. C'est ainsi que ces derniers ont fondé le CALCC et soumis ses statuts à l'autorité ecclésiastique compétente pour approbation. A cette époque-là, les membres du CALCC étaient des personnes physiques.

Pour revenir à l'échec du CALCC, l'Abbé Crispin Bakadisula Madila Katumba, prêtre du Diocèse de Kananga en RDC, affirme ce qui suit :

> […] L'efficacité [des actions du CALCC] n'est pas évidente à tous les niveaux. Car il fonctionne comme une 'institution de la hiérarchie', ce qui 'ne peut pas toujours favoriser le sens de créativité et d'initiative' pour un engagement efficace et dynamique dans la société.[317]

Compte tenu de ses origines, ses objectifs et ses relations étroites avec la hiérarchie, on peut dire que le CALCC est un « organe institutionnel » mis en place sur le modèle du CPL. Ces deux institutions sont des émanations du Concile Vatican II. Elles ont toutes deux pour but de promouvoir l'apostolat des laïcs, mais à des

---

[317] C. BAKADISULA, *Le rôle sociopolitique*, 317. C'est nous qui soulignons.

niveaux différents. Le CALCC est pour l'Église de la RDC ce que le CPL est pour l'Eglise universelle.

Le CALCC est également une « confédération d'associations de laïcs » en ce sens que ses membres sont des associations de fidèles. Néanmoins, juridiquement parlant, aucune association ne peut prouver qu'elle est membre effectif du CALCC car aucune association n'a, jusqu'à ce jour, officiellement « adhéré » aux Statuts (article 5 § 2).

Par conséquent, le CALCC est toujours à la recherche de membres. Paradoxalement, et c'est ce qui est surprenant, l'opinion populaire est convaincue que toutes les associations et mouvements de laïcs sont *de facto* membres du CALCC. Jusqu'aujourd'hui, personne ne s'est interrogé sur l'efficacité de l'adhésion au CALCC et la situation ne semble pas changer car les laïcs attendent que la hiérarchie prenne les devants.

Le CALCC doit donc être repensé en réexaminant les Statuts. Il serait préférable de laisser les laïcs faire le travail et présenter « leur vision » de « leur association » à l'autorité ecclésiastique compétente pour approbation.

Les lignes qui suivent vont se pencher sur certaines propositions susceptibles d'améliorer le profil du CALCC et de l'aider à atteindre ses objectifs.

CHAPITRE QUATRIEME : QUELQUES PROPOSITIONS POUR L'AVENIR DU CALCC

INTRODUCTION

« Comprendre comment s'est construit un système, étaler ses plans, c'est s'outiller pour proposer sa nécessaire restructuration quand il se met irrémédiablement à craquer sous ses propres vices de forme ».[318]

Ces mots de Gratton Boucher, expriment exactement ce qui est à faire pour aider le CALCC. Lorsqu'une organisation n'est plus efficace, ses membres se doivent de réagir rapidement pour examiner la question et cerner le vrai problème. C'est la situation actuelle du CALCC. La CENCO et les officiers majeurs du CALCC devraient réfléchir sur la manière d'aider la confédération à accomplir sa mission.

Le présent chapitre va examiner certaines propositions pour améliorer l'impact du CALCC sur la mission des laïcs en RDC. A cet effet, des suggestions seront faites pour la révision des Statuts dont

---

[318] M. GRATTON BOUCHER, *Le laïcat : les limites d'un système*, Québec, 1987, 125. Cité par A. FAIVRE, *Les premiers Laïcs*, 73.

la période de validité était censée courir d'août 2006 à août 2011.[319]

L'objectif global de cette recherche est de déterminer le statut juridique du CALCC afin de l'aider à résoudre ses problèmes de dysfonctionnement.[320] Le CALCC doit passer du statut d'organe institutionnel à celui de confédération d'associations publiques.

L'objectif de toute association de fidèles dans l'Eglise est de participer à la mission de répandre la Bonne Nouvelle partout dans le monde. Selon R.W. Oliver,

> Les associations sont établies dans l'Église 'comme une réponse à la charité du Christ' qui pousse les fidèles à utiliser tous les moyens appropriés pour la diffusion de l'Evangile. Elles fournissent une assistance mutuelle dans la tâche

---

[319] La période *ad experimentum* allait du 12.08.2006 au 12.08.2011. Le 24.01.2011, le prêtre en charge de la CEAL nous a confié qu'aucune association, membre du CALCC, n'avait envoyé un amendement aux Statuts. C'est pourquoi la Conférence Episcopale a décidé de proroger la période *ad experimentum* pour une nouvelle période de quatre ans à dater de juin 2011 ; voir CENCO, *Décisions du Comité Permanent 13-16 juin 2011*, Kinshasa, Secrétariat Général, 2011, décision 16.

[320] Voir M. SULLIVAN, *The Road to Vatican II*, 63. Ce que Sullivan dit à propos de l'Eglise peut être appliqué, *mutatis mutandis*, à n'importe quelle association de fidèles: "The [Church] is divinely founded and divinely guided, but it has been in the hands of humans for more than two thousand years. As an organization of humans it runs the same risk of all organizations: the farther away it gets from the moment of its original founding and from the charism of the original founder, it sometimes loses touch with that charism […] hence, 'the constant need to reform, renew, restore'." C'est nous qui soulignons. Le CALCC a besoin d'un renouvellement à travers une reformulation de certaines de ses dispositions statutaires.

de propagation du règne de Dieu, en défendant la vie chrétienne et la vérité, en essayant de résoudre les problèmes contemporains et à édifier le corps du Christ.[321]

Après plus de vingt ans d'inactivité, le CALCC a besoin d'être restructuré et repensé soigneusement afin de le rendre plus efficace. La CENCO et les laïcs devraient collaborer étroitement pour que le CALCC réponde aux nouveaux besoins des fidèles qui vivent dans un monde en perpétuel changement. Les laïcs ne peuvent faire face à de nouveaux défis que s'ils sont unis, soit en associations soit au sein des organisations plus grandes à l'image du CALCC.

Selon Maria Casey,

> Dans notre monde d'aujourd'hui, il y a des besoins qui n'ont pas été jusqu'à présent exprimés. De même, il y a 'de nouveaux besoins' dans l'Eglise et ces besoins demandent 'de nouvelles réponses'. Etre fidèle aux inspirations de l'Esprit nous oblige tous à aller au-delà du connu et du vrai, à ne pas se contenter d'une position confortable où nous devenons peureux, satisfaits et effrayés par des idées nouvelles, mais à être à

---

[321] R.W. OLIVER, "Associations of the Faithful in the Antepreparatory," 111-112. Voici le texte original: "Associations are established in the Church 'as a response to the charity of Christ,' which urges the faithful to use every appropriate means to spread the gospel. They provide mutual support in the task of spreading the reign of God, defending Christian life and truth, attempting to solve contemporary issues, and building the body of Christ." Voir également A. CATTANEO, "I movimenti ecclesiali: aspetti ecclesiologici," in *Annales Theologici* 11 (1997) 407-427.

l'écoute des aspirations et des souhaits du peuple. 'Nous avons besoin de répondre aux avertissements dans l'Église, criant du haut des collines, que tout n'est pas bien.' [...] 'Les structures actuelles ne sont pas satisfaisantes'.[322]

Ce que Maria Casey déclare à propos de l'Eglise universelle peut être étendu à toute activité ou regroupement au sein de l'Église. En effet, les structures du CALCC ne sont pas satisfaisantes. Elles ont besoin d'être adaptées ou, si nécessaire, d'être tout simplement supprimées et remplacées par d'autres plus à jour.

Les lignes ci-dessous vont passer en revue certaines conséquences découlant du statut juridique du CALCC, quelques propositions pour l'amélioration des Statuts, les relations du CALCC avec les autres associations de fidèles et le nom CALCC lui-même.

1. LES CONSEQUENCES DU STATUT JURIDIQUE DU CALCC (C 320)

---

[322] M. CASEY, "Associations of Christ's Faithful," 90. Voici le texte original: "In our world today there are needs that have not been hitherto encountered. Similarly, there are 'new needs' in the Church and these needs demand 'new responses'. Being faithful to the promptings of the Spirit challenges us all to move beyond the tried and true, not to settle for a comfortable position where we become timid and satisfied and frightened of new ideas, but to listen to the aspirations and movements of the people. 'We need to respond to the warnings in the Church, shouting from the hilltops, that all is not well.' [...] 'The present structures are not satisfactory'." C'est nous qui soulignons.

Comme on l'a vu plus haut, les Statuts stipulent que le CALCC a été créé par la Conférence Episcopale comme « une association publique » (article 1 § 1). Une des conséquences juridiques de ce statut est que pour une cause grave, la Conférence Épiscopale peut le supprimer car érigé par elle (c 320 § 2).

L'article 23 des Statuts reprend exactement les mêmes mots et ajoute une disposition spécifique concernant le CALCC: « Pour des causes graves, la Conférence Episcopale Nationale du Congo peut supprimer (ou dissoudre) le CALCC, après avoir entendu le bureau national, ou sur proposition des deux tiers du conseil national (c 320 §§ 2 et 3) ».

Supprimer une association est une décision très grave. C'est ainsi que le canon 320 § 3 ne peut être appliqué que si le modérateur et les autres officiers majeurs ont été élus par le Conseil National et confirmés par l'autorité compétente.

Étant donné que les membres du Bureau du Conseil National sont nommés par la CENCO, il ne serait pas judicieux de les impliquer dans le processus de suppression du CALCC. Ils pourraient ne pas être libres de remettre en question une décision de l'autorité ecclésiastique compétente à laquelle ils doivent leur position dans la plate-forme.

Un autre fait est que depuis 2006, il n'y a aucun règlement intérieur comme prévu à l'article 13 § 1: « En tenant compte des attributions des structures du CALCC, telles que fixées par le règlement intérieur des statuts, les conseils de chaque structure du CALCC se doteront eux-mêmes d'un règlement intérieur qui concernera également leurs bureaux ».

Il y a donc certaines dispositions juridiques incomplètes ou inexistantes dans les Statuts parce qu'elles devaient être réglées dans le règlement intérieur. C'est pourquoi, pendant cinq ans, il a été difficile de mettre en œuvre un certain nombre de dispositions des Statuts.

L'absence de règlement intérieur, à tous les niveaux, peut être considéré comme une des conséquences du statut juridique du CALCC. En effet, ceux qui étaient supposés contribuer à la rédaction du règlement intérieur ne sont même pas conscients qu'ils sont membres du CALCC.

Une autre conséquence peut être tirée de la déclaration ferme de l'article 1 § 1 des Statuts qui dit que le CALCC est « une plate-forme 'autonome' des associations et des mouvements des laïcs ».[323] L'autonomie du CALCC aurait dû être clairement exprimée dans les Statuts, surtout quant au mode de gouvernement. Dans ce contexte, une simple lecture des articles 14 et 16 des Statuts peut démontrer que l'autonomie du CALCC est « légalement » violée par l'autorité ecclésiastique compétente.

En effet, l'article 14 § 1 stipule que le Conseil National du CALCC ne peut se réunir qu'après « l'approbation » de la CEAL. De toute évidence, cette disposition juridique porte atteinte à l'autonomie de la plate-forme, censée être autonome.

Quels sont alors le sens, le champ et l'étendue de cette autonomie? La CEAL devrait être simplement

---

[323] C'est nous qui soulignons.

consultée pour donner son avis et éventuellement émettre ses réserves sur l'ordre du jour d'une réunion du Conseil National du CALCC. En d'autres termes, la CEAL devrait uniquement être « informée » de la convocation d'une telle réunion.

Cette réglementation pourrait constituer un blocage pour le CALCC dans le cas où la CEAL ne serait pas d'accord avec l'ordre du jour de la réunion. En outre, il est possible que la personne en charge de la CEAL n'ait pas de bonnes relations avec les officiers majeurs de la confédération. Dans ce cas, il n'est pas difficile d'imaginer que la réunion pourrait ne pas avoir lieu.

De plus, le même paragraphe 1 de l'article 14 stipule qu'en cas d'urgence, une session extraordinaire du Conseil National peut être convoquée. Ce paragraphe ne dit pas qui doit convoquer ce genre de réunion. Est-ce le Président du Conseil National ou la personne en charge de la CEAL? Ou alors la session extraordinaire est-elle convoquée selon la même procédure que celle de la session ordinaire ?

Le manque de précision dans ce paragraphe ne joue pas en faveur de l'autonomie du CALCC. Dans tous les cas, toute réunion du Conseil National, « organe suprême du CALCC » (article 7 § 1), devrait être convoquée par son Président. Celui-ci en informe la CEAL en vue de préserver l'autonomie de la confédération.

Le statut juridique du CALCC semble conduire à une sorte d'indifférence manifestée par un manque d'intérêt de la part des laïcs et de leurs associations. Cette situation a engendré l'inertie observée dans l'implantation du CALCC sur l'ensemble du territoire national. Cet état des choses a bloqué la mise en application des Statuts, ce qui explique, en partie, l'incapacité des dirigeants du CALCC de progresser dans le développement de la confédération.

Les laïcs voient le CALCC comme « une super-association » qui leur a été imposée en lieu et place de leur association fondée en 1984. Il est dès lors clair que, qu'on le veuille ou non, le CALCC est passé d'une association de laïcs à une plate-forme d'associations de laïcs. Il y a une différence considérable entre ces deux réalités.

La nature et le statut juridique du CALCC ont abouti au manque de membres réels. En appliquant l'article 5 des Statuts, le CALCC devrait avoir répertorié toutes les associations et mouvements de laïcs qui existent dans les diocèses de la RDC. A partir de cette liste, les dirigeants de la confédération devaient avoir dressé une autre liste contenant les noms de toutes les associations qui pouvaient être considérées comme des membres potentiels du CALCC.

Pour cela, le tout premier critère aurait dû être le caractère national de l'association. Un autre critère qui aurait dû être pris en compte est le statut d'association publique. Il convient de rappeler, une fois de plus, que seules les associations de fidèles peuvent être candidates à l'adhésion au CALCC.

Etant donné que la CENCO a créé le CALCC comme organisation nationale, il est logique que tous ses membres soient représentés sur toute l'étendue du pays ou tout au moins cela devrait être l'idéal à atteindre dans un délai raisonnable.[324]

En fait, une association publique de fidèles érigée par un évêque diocésain demeure diocésaine même si elle se répand dans tout le pays. Par conséquent, le CALCC devrait être une plate-forme d'associations publiques nationales de laïcs. C'est la seule façon pour lui d'être appelée juridiquement « plate-forme » ou « confédération » des associations et mouvements de laïcs.[325] Sinon il continuera à fonctionner comme « un organe institutionnel » au service de la Conférence Episcopale.

C'est exactement cela le problème. Les associations et les mouvements de laïcs dans l'Eglise particulière de la RDC n'ont pas encore formellement manifesté leur appartenance au CALCC. Ceci dit, il n'est pas difficile de constater que ce dernier est une organisation mort-née, bien qu'il y ait des personnes qui pensent le contraire. On serait même tenté de dire qu'il n'existe que sur papier mais concrètement il n'est pas opérationnel.

Sur ce point, il serait utile de rappeler une fois de plus le constat de la CENCO qui a motivé la révision des statuts de 1989 :

> Le Conseil de l'apostolat des laïcs catholiques du Congo (CALCC) a 'beaucoup de peine' à prendre racine dans certains diocèses. 'Méconnu ici, inexistant là-bas ou pratiquement inopérant' quand

---

[324] Aucune liste d'associations nationales n'a pu être trouvée au siège du CALCC, ni à la CEAL.
[325] Voir l'article 1 des Statuts.

il existe, le CALCC 'n'a pas réussi' à jouer le rôle de locomotive qu'on attendait de lui.[326]

Vu cette situation, deux solutions peuvent être envisagées par l'autorité ecclésiastique compétente, en concertation avec les dirigeants du CALCC : soit supprimer le CALCC conformément au Code de 1983 (c 320 § 2), soit en réviser profondément les Statuts.[327] Cette révision devrait conduire à un changement dans la nature et le statut juridique du CALCC.

De nombreux chercheurs, parmi lesquels R. W. Oliver, soutiennent l'idée de suppression : « les associations existantes 'ne devraient pas être maintenues' si elles cessent d'avoir 'un objet utile' ou si elles emploient 'des méthodes dépassées' ».[328]

La position d'Oliver peut être facilement appliquée au CALCC puisque l'autorité ecclésiastique compétente qui l'a érigé reconnaît qu'il a n'a pas réussi à atteindre les objectifs qui lui avaient été assignés.

En outre, le CALCC n'a pas adapté ses structures et ses méthodes de recrutement aux besoins des laïcs qui s'attendaient plutôt à une organisation au sein de laquelle

---

[326] CENCO, *Les statuts du Conseil*, 3. C'est nous qui soulignons. L'échec du CALCC pourrait être la conséquence de son statut juridique ou de sa nature en tant qu'organe institutionnel.

[327] Certaines propositions pour la révision des Statuts seront faites plus loin dans ce travail.

[328] R.W. OLIVER, "Associations of Faithful during the Conciliar Phase," 453. Voici le texte original: "[…] Existing associations 'should not be maintained' if they cease to have a 'useful purpose' or employ 'out of date methods'." C'est nous qui soulignons.

ils pouvaient interagir directement les uns avec les autres.

Cependant, la suppression du CALCC devrait être une solution extrême au regard du canon 320. Le fait qu'il n'a jamais fonctionné correctement depuis 2006 n'est pas suffisant pour justifier cette suppression. La Conférence Episcopale et les laïcs pourraient avoir besoin de plus de temps pour résoudre ce problème avant d'en arriver à la grave conclusion de la suppression du CALCC. De plus, une telle décision serait un acte administratif plutôt qu'une sanction canonique.[329]

La réalité est que les laïcs ne se sentiront à l'aise qu'au sein d'une association composée de personnes physiques et où ils peuvent exercer leur droit de participer à la mission de « leur » Eglise. Une plate-forme ou une confédération, si elle est très bien orientée, ne peut jouer que le rôle de « courroie de transmission » entre la hiérarchie et les laïcs organisés en associations publiques.

Une possible deuxième solution au problème du statut juridique du CALCC pourrait être la révision des Statuts. Cette possibilité va être examinée dans la section suivante, basée sur des principes énoncés dans le chapitre troisième et sur certaines questions importantes susceptibles de redynamiser le CALCC.

---

[329] R. PAGÉ, « La Signature apostolique et la suppression du statut canonique de l'Armée de Marie, » in *Studia Canonica* 25 (1991) 413 ; cité par R. PAGÉ, "Associations of Christ's Faithful. Selected Issues," in *The Jurist* 62 (2002) 309.

2. Quelques propositions pour l'amelioration des statuts

Étant donné que la nature et le statut juridique du CALCC ont conduit à l'inertie et à l'incapacité, quelque chose doit être fait. La suppression ne pouvant être considérée comme la meilleure solution, l'unique qui devrait être envisagée pour résoudre la crise interne qui paralyse le CALCC, serait une révision significative des Statuts.

Le but d'une telle révision devrait être d'adapter les Statuts aux nouvelles exigences de l'incarnation[330] de l'Eglise dans le monde d'aujourd'hui. En outre, la révision devrait être utile pour relever et éliminer les contradictions internes qui aboutissent au « dysfonctionnement » et à « l'inexistence » du CALCC. Elle est censée revenir à l'objectif initial du CALCC, c'est-à-dire une association pour les laïcs et par les laïcs.

En un mot, la révision devrait être considérée comme un moyen d'éviter la suppression du CALCC parce que, s'il est restructuré, il pourrait être très utile et à l'Église et aux laïcs.

Il serait fastidieux de proposer des modifications pour chacun des articles des Statuts. C'est pourquoi, une attention particulière sera accordée uniquement à certains articles-clés susceptibles d'avoir un impact sur le statut juridique du CALCC et influencer son développement futur.

1. Article 5

---

[330] Voir M. SULLIVAN, *The Road to Vatican II*, 69.

L'article 5 est libellé de la manière suivante :

> Le CALCC comprend trois catégories de membres : les membres de droit, les membres effectifs et les membres d'honneur.
> § 1. Est membre de droit, toute association ou tout mouvement des fidèles créé conformément aux dispositions des canons 216 et 312 § 1 n°2.
> § 2. Est membre effectif, tout membre de droit qui adhère aux statuts.
> § 3. Est membre d'honneur, toute personne physique ou juridique reconnue par le CALCC comme s'étant distinguée par des actions personnelles ou collectives au bénéfice du CALCC.

Par conséquent, seules les associations érigées par la CENCO au niveau national peuvent être membres du CALCC. Cela signifie que toutes les nombreuses autres associations, privées et diocésaines,[331] sont *de facto* exclues du CALCC,[332] selon l'esprit et la lettre du canon 312 § 1 alinéa 2, repris par l'article 5.

Et pourtant, les animateurs des différentes structures du CALCC, en particulier au niveau diocésain, exigent que toutes les associations et autres organisations de laïcs soient automatiquement membres du CALCC, quel que soit leur statut juridique. D'une manière ou d'une autre, cette attitude génère d'énormes tensions

---

[331] En effet, même les associations provinciales (interdiocésaines) sont juridiquement exclues du CALCC.
[332] On peut se demander si cette exclusion était entrevue ou envisagée la CENCO en s'appuyant sur le canon 312 § 1 alinéa 2.

entre le CALCC et ces associations de laïcs qui n'en sont que des membres potentiels. Ces malentendus découlent soit de l'ignorance ou d'une interprétation lacunaire des Statuts soit de la méconnaissance des normes de l'Eglise sur les associations de laïcs.

Un fait qui complique encore les choses est qu'il est très difficile de trouver des associations publiques nationales. C'est peut-être pour cela que personne n'est capable de dresser une liste de ces associations. Et pourtant, c'est parmi ces mêmes associations publiques nationales que le CALCC est censé recruter ses membres.

Une autre difficulté demeure le conflit entre les paragraphes 1 et 2, concernant la qualité de membre de droit. Selon le paragraphe 2, être « membre de droit » ne lie aucune association de fidèles au CALCC. Appartenir au CALCC semble être une option et non pas une obligation. Ainsi, une association de laïcs peut librement décider d'adhérer ou non au CALCC.

Toutefois, le même paragraphe stipule que toute association, membre de droit, doit adhérer aux Statuts afin de devenir « membre effectif ». Il est donc clair qu'on doit manifester de l'intérêt au CALCC et agir librement en acceptant les Statuts.[333] Cette contradiction doit être clarifiée, car elle crée une sorte de confusion et même une illusion d'appartenance au CALCC.

---

[333] Alors quel est le sort d'un certain nombre d'associations qui n'adhèrent pas officiellement aux Statuts? Jusqu'à présent, cette réflexion n'est pas partagée par les hauts responsables du CALCC qui pensent encore qu'il suffit d'être une association de laïcs créée conformément aux canons 216 et 312 pour devenir membre du CALCC.

En dernière analyse, l'article 5 doit être modifié pour qu'il puisse bien exprimer l'intention de l'autorité ecclésiastique compétente et du Code de 1983. Voici une possibilité de modification :

> Le CALCC comprend deux catégories de membres : les membres effectifs et les membres d'honneur.
> § 1. Est membre effectif toute association ou tout mouvement de fidèles créé conformément aux dispositions des canons 216 et 312 § 1 alinéas 2° & 3° et qui signe un acte d'adhésion au CALCC.
> § 2. Est membre d'honneur, toute personne juridique reconnue par le CALCC comme s'étant distinguée par des actions au bénéfice du CALCC.

Cette nouvelle formulation est motivée par le fait que, selon le législateur, le CALCC est une plate-forme d'associations publiques nationales et non pas une association en tant que telle.[334] Il est une organisation censée rassembler tous les « mouvements d'Action catholique »[335] de la RDC. Ainsi, pour le bien des fidèles laïcs et de l'Église, il serait préférable de définir le CALCC comme une organisation qui cherche à regrouper

---

[334] Voir CENTRE PASTORAL DIOCESAIN LINDONGE, *La Cohérence chrétienne. Pour une identité chrétienne ouverte au dialogue. Orientations pastorales 2011-2012*, Kinshasa, Editions du Centre Pastoral, 2011, 11. Ce centre s'appelle désormais « Centre de Pastorale Diocésain Lindonge. »

[335] Voir CENTRE PASTORAL DIOCESAIN LINDONGE, *La Cohérence chrétienne*, 11. Les MAC sont des organisations de l'apostolat des laïcs organisés comme un corps. Ces MAC sont censés collaborer avec la hiérarchie de l'Eglise. Ils opèrent sous la supervision des autorités de l'Église. Voir aussi VATICAN II, *Apostolicam actuositatem*, 20.

toutes les associations et les mouvements de laïcs à tous les niveaux, c'est-à-dire, diocésain, interdiocésain et national.

Bien sûr, aucune association ne peut être membre du CALCC si elle n'a pas été érigée canoniquement comme association publique nationale par l'autorité ecclésiastique compétente, conformément au canon 301. En outre, avec le nouveau libellé de l'article 5, tel que proposé ci-haut, seules les personnes juridiques peuvent être membres du CALCC.[336] Aucune association ne devrait appartenir automatiquement au CALCC sans marquer son engagement par écrit à mettre en pratique les Statuts.

2. Article 14

Une autre proposition pour redynamiser le CALCC serait d'insérer dans les Statuts une disposition sur les relations entre le CALCC et les commissions provinciales et diocésaines de l'apostolat des laïcs. Rien n'est dit à propos de ces deux structures du CALCC. Et pourtant, l'article 14 § 1 stipule que le Président National du CALCC peut convoquer le Conseil National après l'approbation de la CEAL. Mais curieusement, les paragraphes 2 et 3 du même article ignorent l'approbation des commissions provinciales et diocésaines de l'apostolat des laïcs.

---

[336] Cependant, il n'est pas exclu qu'une personne physique soit attachée au CALCC et lui manifeste son soutien par des gestes de charité. Elle serait considérée comme bienfaitrice sans appartenir nécessairement au CALCC.

Par conséquent, l'article 14 pourrait se lire comme suit :

§ 1. Le Conseil National du CALCC se réunit en session ordinaire une fois tous les deux ans sur convocation de son Président qui en informe la CEAL. En cas d'urgence, une session extraordinaire peut être convoquée, entre deux sessions ordinaires, selon la même procédure.

§ 2. Le conseil provincial du CALCC est convoqué en session ordinaire une fois par an sur convocation de son Président qui en informe la commission provinciale de l'apostolat des laïcs. En cas d'urgence, une session extraordinaire peut être convoquée, entre deux sessions ordinaires, selon la même procédure.

§ 3. Le conseil diocésain du CALCC se réunit en session ordinaire deux fois par an sur convocation de son Président qui en informe la commission diocésaine pour l'apostolat des laïcs. En cas d'urgence, une session extraordinaire peut être convoquée, entre deux sessions ordinaires, selon la même procédure.

§ 4. Le conseil paroissial du CALCC se réunit en session ordinaire deux fois par an sur convocation de son Président qui en informe la commission paroissiale pour l'apostolat des laïcs. En cas d'urgence, une session extraordinaire peut être convoquée, entre deux sessions ordinaires, selon la même procédure.

Cette nouvelle formulation a l'avantage de rendre le CALCC responsable de son organisation interne, à l'image toute association ou confédération d'associations de laïcs canoniquement érigée par l'autorité ecclésiastique compétente. Ainsi, le CALCC renforcerait son autonomie mais en même temps il conserverait son lien avec la hiérarchie, comme il est par ailleurs stipulé par le droit de l'Église (c 305). Ces relations à la base et au niveau local sont importantes car canoniquement, une Conférence Episcopale n'est pas reconnue comme instance de vigilance sur les associations de fidèles (c 305 § 2).[337]

La réalité est que, pour préserver l'autonomie du CALCC, les lois devraient réduire la fréquence et le contenu de l'intervention de l'autorité ecclésiastique compétente en ce qui concerne la manière dont les réunions et autres rassemblements sont convoqués et organisés. Toutefois, aucun résultat de ces réunions ne devrait être rendu public avant l'approbation de la hiérarchie. La raison est qu'il appartient à l'autorité ecclésiastique compétente « d'avoir soin que l'intégrité de la foi et des mœurs […] soit préservée [dans les associations de fidèles], et de veiller à ce que des abus ne

---

[337] La Conférence Episcopale se considère comme un organe de supervision sur le CALCC. Alors, comment concilier le canon 312 § 1 alinéa 2° et le canon 305 § 2 ? En outre, le canon 305 § 1 prévoit que « toutes les associations de fidèles sont soumises à la vigilance de l'autorité ecclésiastique compétente […] ». Dans le cas du CALCC, c'est la CENCO qui est l'autorité ecclésiastique compétente. Quel serait alors l'interprétation du canon 305 § 2 qui ne mentionne pas la Conférence Episcopale mais plutôt le Saint-Siège et l'Ordinaire du lieu ? Logiquement, la même autorité ecclésiastique compétente qui a le droit d'ériger une association de fidèles devrait exercer son droit et son devoir de supervision sur ladite association. Voir les explications de L. ECHEVERRIA, *Code de droit canonique*, 218 ; voir aussi CCCB, *Recognition*, 26.

se glissent pas dans la discipline ecclésiastique » (c 305 § 1).

3. Article 16

À condition que les laïcs soient libres d'élire leurs représentants au sein du Conseil National du CALCC, ils ne peuvent pas s'impliquer dans le gouvernement de la confédération. Les statuts de 1984 stipulaient que tous les animateurs du CALCC, à tous les niveaux, devaient être délégués par leurs associations. Ce qui signifiait que personne ne pouvait être élu ou nommé s'il n'appartenait pas à une association de laïcs.

À propos de nominations, l'article 16 dit ce qui suit : « Le Président, le Vice-président, le Secrétaire général et le Trésorier du conseil national du CALCC sont nommés par la CENCO. »[338] Puisque le CALCC est une organisation nationale, son Conseil National comprend le Président National, les Présidents Provinciaux et les Présidents Diocésains (article 7 § 2). Cette composition respecte une certaine représentativité à tous les niveaux. Cependant, elle n'est pas celle énoncée à l'article 16, sous examen ici.

En outre, il est surprenant de constater que tous les officiers majeurs du CALCC, au niveau national, sont

---

[338] Les statuts de 1989 stipulaient que le Président et son Adjoint étaient nommés par la Conférence Episcopale sur proposition du Congrès National du CALCC. Cette disposition juridique semble être plus adéquate et plus précise que celle de l'article 16 des Statuts de 2006. Toutefois, la Conférence Épiscopale peut exercer ce droit par le biais de ses services tels que les commissions épiscopales (article 1 § 3). Voir L. ECHEVERRIA, *Code de droit canonique*, 218.

nommés par la CENCO sans aucune référence au Conseil National. Et pourtant ce dernier est l'organe suprême du CALCC (article 7 § 1) à comprendre selon les exigences de l'autonomie de la plate-forme (article 1 § 1).

Comme association publique, le CALCC est régi par le canon 317 § 1, qui stipule ce qui suit:

> Sauf disposition autre des statuts, il appartient à l'autorité ecclésiastique [compétente] dont il s'agit au [canon 312, § 1], de confirmer le modérateur de l'association publique élu par celle-ci, d'instituer celui qui a été présenté ou de le nommer de sa propre autorité [...].

Bien que l'autorité ecclésiastique ait le droit de nommer le modérateur, le Code de 1983 ne prévoit pas que les autres officiers majeurs d'une association publique soient nommés par cette même autorité. Et pourtant, c'est bien le cas à l'article 16.[339] C'est pourquoi ledit article devrait être reformulé comme suit:[340]

---

[339] Cette disposition juridique renforce l'idée que le CALCC est un organe institutionnel plutôt qu'une association de laïcs, comme cela a été dit au troisième chapitre. Bien évidemment, dans des circonstances graves, la Conférence Episcopale peut être obligée d'intervenir dans la nomination directe du modérateur du CALCC. Mais ceci ne devrait pas être le mode ordinaire de pourvoir à ce poste.

[340] Une autre formulation possible de l'article 16 pourrait être: « Le Président, le Vice-Président, le Secrétaire Général et le Trésorier du Bureau du Conseil National du CALCC sont nommés par la Conférence Episcopale sur présentation du Conseil National du CALCC. » Cette formulation est conforme au canon 317 § 1.

§ 1. La Conférence Episcopale confirme le Président du Bureau[341] du Conseil National du CALCC élu par le Conseil National du CALCC.

§ 2. Le Vice-Président, le Secrétaire Général et le Trésorier du Bureau du Conseil National du CALCC sont élus par le Conseil National du CALCC.

De cette façon, le CALCC apparaîtrait comme une véritable association publique de laïcs en conformité avec le Code de 1983 (c 309) et sa propre nature et son statut juridique. La position du modérateur dans le gouvernement du CALCC est très important, parce qu'il est celui qui donne une orientation et imprime une vision à la confédération. Il est donc nécessaire que tous les membres de l'organisation participent à son élection selon les Statuts. L'avenir du CALCC dépendra, en grande partie, de la façon dont l'autorité ecclésiastique compétente mettra en pratique le contenu du canon 317 § 1 et les Statuts révisés.

4. Article 18

L'article 18 § 3 stipule ce qui suit :

La renonciation d'un membre est valide par notification écrite du Président de l'organisation au Président du conseil national.

---

[341] Il convient d'établir une distinction claire entre « le Conseil National du CALCC » (articles 7, 14 § 1) et « le Bureau du Conseil National du CALCC » (articles 8; 15 § § 1 & 2; 16).

Quelle est l'organisation en question ici? Dans tous les Statuts, le mot « organisation » est utilisé seulement ici. Est-ce le CALCC ou n'importe quelle association membre du CALCC? Le membre en question est-il une association de laïcs ou une personne physique? Toutes ces questions montrent que ce n'est pas si facile de comprendre le sens réel de ce paragraphe. Par conséquent, ce dernier pourrait être reformulé comme suit:

> La renonciation d'une association, membre effectif, est valide par une notification écrite faite par le modérateur de ladite association au Président du Conseil National du CALCC.

Ainsi, une association qui désire quitter le CALCC doit écrire au Président du Conseil National en motivant clairement la décision de se retirer. Il faut préciser, une fois de plus, que le membre effectif dont il est question ici est une association publique de laïcs et non pas un individu, puisque les personnes physiques ne sont pas membres du CALCC.

En outre, l'article 18 § 4 est libellé de la manière suivante :

> Est réputé avoir démissionné de sa charge ou renoncé à son appartenance à la plate-forme, tout membre du bureau ou d'honneur qui le notifie par écrit au Président du comité de l'instance du CALCC au sein de laquelle il a été reconnu.

Le mot « comité » est utilisé seulement deux fois dans les Statuts : dans le présent paragraphe et à l'article 22 § 2 qui parle du Comité Permanent de la Conférence Episcopale.

En un mot, seule une association peut renoncer à sa qualité de membre de la confédération. Un membre d'un bureau, à quelque niveau que ce soit, est juste membre de ce bureau et pas, strictement parlant, membre du CALCC comme plate-forme. Il est par contre membre effectif de l'association qui l'a délégué dans un bureau donné de la plate-forme. C'est à la même association de le retirer et d'en informer le Président du Conseil du CALCC au niveau concerné. Cette matière devrait traitée dans un règlement intérieur spécial à chaque niveau du CALCC. Ainsi, le paragraphe 4 devrait rejoindre le paragraphe 3 et former un seul paragraphe car leur contenu est pratiquement le même.

3. À PROPOS DU DECRET D'ERECTION DU CALCC

Canoniquement parlant, après la présentation des statuts du CALCC à la Conférence Episcopale, un décret devait être pris afin d'ériger la plate-forme des associations et mouvements de laïcs. Puisqu'aucun document de ce genre n'a pu être trouvé,[342] il serait mieux

---

[342] Le fait que personne n'ait pu trouver le décret d'érection du CALCC ne signifie pas nécessairement qu'il n'existe pas. Toutefois, c'est un signe révélateur des problèmes internes du CALCC. Cela peut vouloir dire que les gens manifestent peu d'intérêt pour le

que la CENCO prenne un décret formel afin de se conformer au canon 313.[343] Par ce décret d'érection, le CALCC recevrait sa mission canonique au sein de l'Eglise. Sa nature, ses structures et son organisation interne seraient ainsi déterminées conformément à l'esprit et à la lettre des Statuts et des normes de l'Eglise en matière d'associations de fidèles.

Toutefois, l'absence du décret d'érection ne signifie pas que la Conférence Episcopale n'a jamais créé le CALCC. Au contraire, cela veut dire que tout le monde a pris l'affaire comme évidente. En effet, les parties en présence ont cru que l'approbation des statuts était suffisante et constituait, *de facto*, l'érection.

4. Les relations avec les autres associations de laïcs

Le CALCC ressemble à « une superstructure monopolistique » dans l'Eglise. Il fait ombrage aux associations librement fondées et dirigées (c 215) par les laïcs. Actuellement, tout le monde aspire à la liberté et tout ce qui limite l'exercice de cette liberté engendre l'indifférence, la méfiance et parfois la résistance. C'est pourquoi il y a beaucoup de tensions entre le CALCC et les associations et autres mouvements de laïcs.

Paradoxalement, en approuvant les Statuts, la CENCO voulait créer l'unité, la cohérence et la cohésion

---

CALCC. De toutes les façons, ce décret doit être trouvé avant de poursuivre la révision des Statuts.
[343] Dans l'hypothèse que ce décret n'existe pas, il faudrait y pourvoir avant d'entamer la révision des Statuts.

entre tous les groupes de laïcs.[344] Les Evêques congolais voulaient que l'opposition entre les membres du CALCC et les membres des autres associations et mouvements de laïcs cesse, puisque justement ce sont ces mouvements et ces associations qui forment le CALCC.[345] Et pourtant, cette opposition est encore fortement ressentie partout où le CALCC est présent.

Il semble que l'opposition entre les membres du CALCC et les membres des autres associations et mouvements de laïcs provient du fait que dans les statuts de 1989 les membres étaient des personnes physiques alors qu'actuellement les membres sont des personnes juridiques. Le passage de la première forme d'appartenance à la deuxième était censé être automatique puisqu'elle n'est pas réglée dans les textes.

Mais la réalité est que les nouveaux membres du CALCC sont « ignorants » de leur intégration *de facto* dans la plate-forme. De toute évidence, quelque chose n'a pas bien marché dans la mise en application de l'article 5 des Statuts à propos de l'adhésion au CALCC.

Les Statuts étaient supposés conduire le CALCC de l'état d'association aux côtés d'autres associations et mouvements vers un conseil national englobant tous les autres mouvements et associations de laïcs.[346] L'objectif de l'unification de tous les groupes de laïcs était le soutien mutuel, la solidarité dans l'apostolat et le partage de l'héritage spirituel et des charismes de divers instituts religieux, dans le cadre des tiers ordres.[347]

---

[344] Voir CENCO, S*tatuts du Conseil*, 4.
[345] Voir CENCO, S*tatuts du Conseil*, 4.
[346] Voir CENCO, S*tatuts du Conseil*, 5.
[347] Voir M. CASEY, "Associations of Christ's Faithful", 65.

Les relations entre le CALCC et ses « membres potentiels » avaient pour but de faciliter le soutien mutuel, la solidarité entre les membres et le partage de la richesse de la spiritualité des laïcs (article 3). Mais au contraire, cela a créé l'opposition entre les officiers majeurs du CALCC et ceux de tous les autres groupes de laïcs.

Les objectifs assignés au CALCC par la Conférence Episcopale ne pouvaient être atteints que s'il avait de bonnes relations avec toutes les associations et mouvements de laïcs, très actifs sur le terrain. Il était même attendu du même CALCC qu'il joue le rôle de « médiateur » entre ces associations et mouvements de laïcs. En effet, le Code de 1983 encourage vivement la coopération entre les associations[348] (c 311), précisément pour le bien de la mission de l'Eglise et de tous les laïcs.[349]

Les origines des relations tendues entre le CALCC et ses membres « potentiels » peuvent également être trouvées dans une mauvaise interprétation de l'article 5, en particulier les paragraphes 1 et 2. Les officiers majeurs du CALCC sont convaincus que toutes les associations et mouvements de laïcs sont, *ex officio,*[350] membres du CALCC. Néanmoins, le libellé des Statuts utilise l'expression « de droit ».[351]

---

[348] Voir R.W. OLIVER, "Associations of the Faithful during," 445.
[349] Voir A. HAGSTROM, *The Emerging Laity*, 107.
[350] Ces mots sont traduits en français par *d'office,* ce qui signifie qu'à l'instant où une association des laïcs existe, elle a le droit de devenir membre du CALCC.
[351] En français : membre de droit.

Ex officio et « de droit » ont des significations différentes. *Ex officio* signifie qu'une association de laïcs est automatiquement membre du CALCC par le simple fait qu'elle a été érigée canoniquement conformément aux canons 216 et 312 § 1, 2°. Le seul critère semble être l'érection canonique par l'autorité ecclésiastique compétente, qui est la CENCO dans ce cas.

«De droit » pourrait signifier qu'une association de laïcs, canoniquement érigée par la CENCO comme association publique a la « possibilité » et les « capacités » de jouir de l'appartenance au CALCC tant qu'elle est disposée de remplir la condition « d'adhérer aux statuts » du CALCC.[352]

La confusion ou l'erreur d'interprétation de ces deux paragraphes a conduit au fait que presque toutes les associations et mouvements de laïcs ne se sont jamais considérés comme membres « naturels » du CALCC parce qu'ils n'ont pas « officiellement » adhéré aux Statuts. Toutefois, les officiers majeurs du CALCC ont la ferme conviction que toutes les associations et mouvements de laïcs sont automatiquement membres du CALCC. Ils ne prêtent pas attention au fait que tous les membres du CALCC doivent être érigés par la Conférence Episcopale, afin d'exercer leur apostolat sur toute l'étendue du territoire national (c 312 § 1, 2°).

Par conséquent, la relation entre le CALCC et les autres associations est un peu déroutante. Le premier n'a pas encore appliqué les dispositions de l'article 5 § 2 des Statuts, probablement parce qu'il est convaincu que le fait d'être membre de droit est suffisant ou parce que

---

[352] Voir l'article 5 § 2. Bien sûr, l'association doit être « nationale ».

personne ne prête attention au contenu de cet article. En tout cas, le résultat est que le CALCC demeure comme une « super association » quelque part dans l'Église, poussée par la hiérarchie à organiser l'apostolat des laïcs (article 5).

C'est pourquoi la Conférence Episcopale devrait repenser la façon dont le CALCC a été lancé et inciter les laïcs à s'impliquer dans le choix du genre d'association dont ils ont besoin. Les laïcs peuvent même suggérer de rentrer à la configuration initiale du CALCC telle que décrite dans les statuts de 1989. Les membres étaient alors des personnes physiques, comme dit ci-haut. Cette démarche est canoniquement possible.

Le caractère institutionnel du CALCC peut être considéré comme une autre source d'incompréhension entre le CALCC et les associations et mouvements de laïcs. Le fait est que le CALCC, dans sa forme actuelle, a été créé à partir « d'en haut » et non à partir « de la réalité sur terrain ». Ceci amène le CALCC et ses dirigeants à penser qu'ils ont le plein appui de la hiérarchie. Ils peuvent ainsi imposer tout ce qu'ils décident aux associations et mouvements de laïcs, alors que ces derniers ne se considèrent même pas comme membres du CALCC.

Pour résoudre ce problème juridique qui a des effets négatifs sur l'efficacité du CALCC, il faudrait bien reformuler certains critères solides pour le recrutement et l'adhésion au CALCC. Ceci pourrait se faire, encore une fois, en révisant les Statuts et en rédigeant un règlement intérieur[353] visant à mettre en application les Statuts. Un règlement intérieur qui contient plus de détails et de précisions peut aider à résoudre le problème de relations tendues entre le CALCC et ses membres potentiels.

5. A PROPOS DU NOM CALCC

Le nom donné, par la CENCO, à la confédération d'associations sous examen ici, ne montre pas clairement que les membres sont des associations de laïcs et non des individus. Cependant, les Statuts expriment directement l'intention du législateur qui est de coordonner l'apostolat des associations et des mouvements de laïcs en RDC (article 1 § 1).[354]

Par conséquent, le nom *Conseil de l'Apostolat des Laïcs Catholiques du Congo* devrait devenir *Conseil des Associations de Laïcs Catholiques du Congo* ou *Conseil des Associations Laïques Catholiques du Congo*.

Cette formulation reflète mieux l'esprit et la lettre des Statuts qui déterminent clairement la nouvelle composition du CALCC (article 5 § 1). Il est partout question d'associations et de mouvements de laïcs dont l'apostolat et l'organisation doivent être coordonnés par un Conseil National (article 3 § 2 & 3) sous la supervision de la Conférence Episcopale.

Bien sûr, le nom proposé soulève un certain nombre de questions pertinentes. Une de ces questions porte sur

---

[353] Jusqu'à présent, il n'existe aucun règlement intérieur, bien qu'il soit prévu à l'article 13.
[354] Voir CENCO, *Statuts du Conseil*, 4.

les laïcs qui ne sont pas engagés dans une association ou un mouvement quelconque. Comment le CALCC coordonne-t-il leur apostolat ? Dans tous les cas, les Evêques ont créé une plate-forme d'associations et de mouvements de laïcs et non pas une association de laïcs. La question des laïcs en tant qu'individus devrait être expliquée en disant que pour répondre à sa vocation baptismale, il n'a jamais été obligatoire d'être membre d'une association, quelle qu'elle soit.

Le nom *Conseil de l'Apostolat des Laïcs Catholiques du Congo* peut être historiquement lié aux statuts de 1989 qui stipulaient que les membres effectifs du CALCC étaient des individus (article 5 § 1). Dans ces statuts, le CALCC était véritablement une association de laïcs (article 1 § 1 & 2). Avec les statuts de 2006, le nom est demeuré inchangé et pourtant le contenu n'était plus le même.[355]

C'est pourquoi le nom CALCC devrait céder la place à un de ceux qui sont proposés ci-haut afin d'exprimer fidèlement l'intention du législateur telle qu'elle transparaît dans les Statuts.

CONCLUSION

Avec le quatrième chapitre, on vient de proposer certaines idées et changements susceptibles d'améliorer l'avenir du CALCC et de le rendre plus efficace.

---

[355] Voir CEZ, *Statuts et règlement intérieur du Conseil de l'Apostolat des Laïcs Catholiques du Zaïre*, Kinshasa, Editions du Secrétariat Général, 1991. Ces statuts avaient été approuvés par la Conférence Épiscopale en 1989.

Nombreux sont ceux qui sont d'accord que les objectifs du CALCC n'ont pas encore été atteints. Les personnes qui étaient membres du CALCC s'efforcent de passer d'une association de laïcs à une plate-forme d'associations et de mouvements de laïcs.

Parmi les problèmes du CALCC, il y a les graves tensions entre ses « membres potentiels » et ses officiers majeurs à tous les niveaux. Cette situation ambiguë continue à compromettre l'efficacité du CALCC.

En dépit de l'engagement pris par la Conférence Episcopale de soutenir le CALCC dans sa mission sur l'ensemble du pays, le CALCC est confronté à d'énormes difficultés pour son implantation sur l'ensemble du territoire national. Bien que ses Statuts aient été approuvés par la CENCO, d'abord pour une période *ad experimentum* de cinq ans et plus tard pour une période supplémentaire de quatre ans, le CALCC reste lettre morte dans nombre diocèses.

Etant donné que les Statuts restent inconnus, ils sont toujours *ad experimentum* à cause du fait que ceux qui étaient censés être membres du CALCC n'ont pas réagi dans un sens ou l'autre. De plus, le CALCC est toujours à la recherche de membres qui se conforment aux Statuts. On peut dire, au sujet des Statuts, ce que J.A. Coriden dit de la réception d'une loi dans une communauté chrétienne :

> 'La réception d'une règle dans une communauté est décisive'. L'autorité et la force d'une loi dépendent en partie de sa réception par la communauté. En recevant, c'est-à-dire en obéissant à une règle, la communauté chrétienne affirme sa

> vérité, sa validité et sa pertinence pour elle. Lorsque la communauté n'arrive pas à observer une règle, cela signifie souvent que la règle n'est pas pratique ou qu'elle est inadaptée à cette communauté. Les gens la perçoivent comme 'pas juste' pour eux. Le résultat de la non-réception est que la règle est inefficace. Cette doctrine de réception est une longue tradition canonique.[356]

On peut conclure que le CALCC et les Statuts sont irréalisables ou inadaptés aux associations de laïcs puisqu'ils n'ont pas réussi à regrouper les laïcs et leurs associations. Néanmoins, on peut faire valoir que aussi bien le CALCC que les Statuts sont « justes » pour les laïcs congolais et leurs associations, en dépit du fait qu'ils ont été inefficaces en ne réussissant pas à atteindre leurs objectifs.

La cause de cet échec peut être attribuée au fait que la différence entre le CALCC de 1989 et le nouveau CALCC décrit dans les Statuts n'a jamais été jamais élucidée, ce qui a conduit à l'actuelle confusion qui perdure.

Le problème traité dans le quatrième chapitre était lié à l'avenir du CALCC comme plate-forme ou

---

[356] J.A. CORIDEN, *An Introduction*, 204. Voici le texte original: "'The community's reception of a rule is decisive'. The authority and force of a law depends in part on its reception by the community. By receiving, i.e., obeying, a rule, the Christian community affirms its truth, its validity, and its suitability for them. When the community fails to observe a rule, it often means that the rule is impractical or unsuited to that community; the people perceive it as 'not right' for them. The result of the non-reception is that the rule is ineffective. This doctrine of reception is 'a time-honored canonical tradition'." C'est l'auteur qui souligne.

confédération d'associations publiques de laïcs, en dépit du fait que plusieurs personnes la voient comme une association. En effet, la façon dont le CALCC, et plus précisément ses officiers majeurs, agissent est une véritable indication que l'institution est une organisation « mort-née ».

Vu le statut juridique du CALCC, qui est celui d'une association publique, il est clair que les Statuts devraient être révisés afin de remettre le CALCC en phase avec les objectifs des Evêques. Cependant, la révision seule ne sera pas suffisante pour que le CALCC fonctionne adéquatement, conformément à son statut juridique. La Conférence Episcopale et les Evêques pris individuellement devront faire preuve d'un engagement ferme pour s'assurer que les Statuts sont mis en application au niveau national.

Les statuts de 1989 étaient révisés parce que la CENCO les considérait inadéquats pour faire du CALCC une association consacrée aux laïcs au niveau national. Cependant, ceux de 2006 ont changé la qualité de membres de personnes laïques aux associations et mouvements de laïcs.

Malheureusement, la nouvelle vision incarnée par les Statuts n'était pas le résultat d'une large consultation des laïcs. Puisque les Evêques avaient l'intention de créer une plate-forme d'associations et de mouvements de laïcs pour coordonner l'apostolat des laïcs dans tout le pays, le CALCC est devenu une confédération d'associations plutôt qu'une association de laïcs. Toutefois, la formulation d'un certain nombre d'articles dans les Statuts semble être en contradiction avec les objectifs exprimés. Par conséquent, la Conférence Episcopale devrait reconsidérer l'adhésion et l'intégration au CALCC pour le rendre plus cohérent avec l'idée de confédération ou de plate-forme d'associations et de mouvements de laïcs.

La confusion créée par les divergences entre un certain nombre d'articles des statuts de 1989 et ceux de 2006 doit être dissipée, en particulier en ce qui concerne l'adhésion. Le passage d'individus laïcs aux associations de laïcs comme membres du CALCC n'est pas très clair dans les Statuts. Au contraire, trois types d'appartenance sont décrits dans les Statuts (article 5).

Une solution serait que le CALCC soit considéré et clairement enregistré comme une confédération d'associations publiques de laïcs au sein de l'Église congolaise. En effet, les associations publiques sont érigées soit par le Saint-Siège, pour l'Eglise universelle, soit par la Conférence Episcopale pour le territoire national, soit par l'Évêque diocésain sur son propre territoire (c 312 § 1).

Etant donné que le CALCC est présenté dans les Statuts comme une association publique, seules les associations de fidèles laïcs, dûment érigées par l'autorité ecclésiastique compétente, peuvent être admises à adhérer aux Statuts pour devenir membres effectifs (article 5 § 2). C'est pourquoi, la mise en orbite du CALCC aura besoin de l'engagement personnel des associations publiques de laïcs prêtes à en devenir membres.

En outre, les laïcs devraient être entièrement responsables de la gestion interne du CALCC selon les

Statuts et le Code de 1983, sous « la haute direction de l'autorité ecclésiastique » (c 315).

CONCLUSION GENERALE

Au regard des éléments d'analyse ci-haut, il apparaît que le CALCC tâtonne dès le début de sa création à cause de certaines questions liées à ses origines. Sa forme actuelle est loin de sa nature originelle telle que décrite dans les statuts de 1989. Ceux-ci étaient conçus par les laïcs, membres de ce qui allait, plus tard, être appelé CALCC. Les membres été alors des personnes physiques, c'est-à-dire tout laïc résidant en RDC et confessant la foi catholique (article 5 § 1).

Vers les années quatre-vingt, les laïcs sentant le besoin de s'unir, fondèrent une association qui pourrait rassembler tous les fidèles désireux de se regrouper afin de leurs engagements baptismaux au sein de la société congolaise. A cette époque-là, le CALCC était juste une association de laïcs et il n'est pas dit si celle-ci était publique ou privée. Cependant, puisque les statuts étaient approuvés par la Conférence Episcopale le 08/12/1989 (article 28), on peut supposer qu'il était érigé canoniquement comme association publique au niveau national (c 312 § 1, 2°).

En fondant le CALCC, les laïcs n'avaient pas l'intention de créer une plate-forme ou une confédération d'associations de laïcs. Ce qu'ils voulaient, c'était juste une association de laïcs (article 1 § 1). Les objectifs de celle-ci étaient de stimuler et de promouvoir l'engagement des laïcs, afin de réaliser consciencieusement et pleinement leurs responsabilités dans tous les secteurs de la vie sociale en tant que témoins de la foi, la charité, l'espérance et la justice (article 1 § 2).

Bien que le CALCC était une association de laïcs, il jouissait du statut d'association sans but lucratif (article 1 § 2) conformément au droit civil congolais sur les associations. Ce statut juridique lui donnait beaucoup d'avantages. Par exemple, il pouvait acquérir et aliéner toute sorte de biens conformément à la loi. Il pouvait également agir en tant que personne morale selon le droit civil. Par conséquent, il pouvait organiser diverses activités, y compris des manifestations non-violentes pour une cause juste.

Cet aspect juridique a disparu des Statuts. Son élimination a réduit considérablement l'efficacité du CALCC en ce sens qu'il n'a plus de personnalité juridique au regard des lois nationales. Et pourtant, il serait souhaitable que le CALCC acquière la personnalité juridique comme association de droit congolais afin d'être plus efficace et plus visible sur terrain. Par le biais de cette reconnaissance juridique par l'Etat congolais, il pourrait être plus fort et mobiliser les laïcs autour des valeurs et des œuvres chrétiennes. Sinon, il pourrait être considéré comme un groupe de « hors-la-loi » et traité comme tel.

En 2006, la CENCO a décidé de modifier la nature du CALCC par la révision des statuts de 1989. Beaucoup de dispositions juridiques ont été supprimées tandis que d'autres ont été ajoutées ou modifiées. Par la suite, le CALCC est devenu tout à fait différent de celui de 1989. Il est passé de la catégorie d'associations de laïcs à une plate-forme d'associations de laïcs. Ses membres ont cessé d'être des personnes physiques laïques et sont devenus des personnes juridiques. Ce changement a eu des conséquences considérables sur l'intégration et l'adhésion au CALCC.

Bien que les statuts aient été révisés, le CALCC a continué à exister sur le modèle précédent. Toutes les modifications sont restées dans les textes et n'ont pas été suivies d'application. Il y a un certain nombre de raisons qui ont réduit les possibilités du CALCC de croître, de se développer et de s'étendre sur tout le pays. Une de ces raisons est l'absence de politique claire sur le recrutement des membres et le mode d'adhésion au CALCC. Il est dit, dans les Statuts, que le CALCC comprend les associations et mouvements de laïcs, mais sans aucune précision de la façon dont on devient membre effectif.

Il n'y a pas d'explication sur la raison pour laquelle l'appartenance par personnalité physique a été remplacée par l'appartenance par personnalité juridique. Cette ambivalence préjudicie le bon fonctionnement du CALCC dans ce sens que personne ne se sent personnellement impliqué dans le développement de cette plate-forme d'associations. En outre, rien n'est stipulé sur le statut juridique des candidats potentiels à l'adhésion au CALCC. Logiquement, tous les candidats devraient être des associations publiques de laïcs au lieu de supposer que toutes les associations et mouvements de laïcs sont « d'office » membres du CALCC.

La meilleure façon d'aborder la question de l'adhésion devrait être que toute association publique de laïcs, canoniquement érigée par l'autorité ecclésiastique compétente, intègre le CALCC par la signature d'un acte d'engagement clair. Cette façon de procéder a l'avantage de rendre l'intégration au CALCC plus juridique et donc plus exigeante. Par contre, la façon dont l'adhésion est décrite dans les Statuts est anonyme et manque de sentiment fort d'appartenir à la confédération.

Une autre proposition pour un avenir meilleur du CALCC est de laisser les laïcs organiser, diriger, administrer et gérer « leur » confédération et non plus comme « des délégués », « des mandataires » ou « des représentants » de la Conférence Episcopale, selon les canons 215 et 216. Ils devraient bénéficier de plus d'autonomie dans la prise des décisions, sous la direction (c 315) de la CENCO (article 1 § 3).

L'analyse des Statuts prouve que le CALCC est en même temps une confédération d'associations de laïcs et un organe institutionnel. Les deux statuts sont soutenus par le fait que le CALCC regroupe les associations de laïcs dans une organisation fortement contrôlée par la CENCO. Par exemple, selon l'article 14 § 1 des Statuts, le Conseil National du CALCC se réunit en session ordinaire tous les deux ans sur convocation de son Président National « après l'approbation » de la CEAL.

Le renforcement de l'autonomie du CALCC devrait impliquer, entre autres choses, le changement du « principe d'approbation » en « principe d'information » ou de « consultation ». La conséquence de l'approbation est que si, pour une raison ou une autre, la personne physique responsable de la CEAL n'est pas disposée à laisser la session ordinaire avoir lieu, elle pourrait bloquer ladite réunion.

Aussi, le fait que tous les membres du Bureau du Conseil National sont nommés par la Conférence Episcopale est un autre signe que le CALCC peut être considéré comme un organe institutionnel, érigé par l'autorité ecclésiastique compétente afin de contrôler l'ensemble d'associations et mouvements de laïcs au sein de l'Eglise particulière de la RDC.

En fait, les membres du Bureau du Conseil National devraient être élus par le Conseil National et « confirmés » par la CENCO, l'autorité ecclésiastique compétente qui a créé le CALCC. En effet, « il appartient à l'autorité ecclésiastique dont il s'agit au [canon] 312, § 1, de 'confirmer' le modérateur de l'association publique élu par celle-ci, d'instituer celui qui a été présenté ou de le 'nommer de sa propre autorité' » (c 317 § 1).[357]

Une autre preuve qu'on pourrait mentionner pour confirmer le caractère institutionnel du CALCC est la suivante : « Les statuts du CALCC ne peuvent être modifiés que par la CENCO, soit de sa propre initiative, soit sur proposition des deux tiers des membres du conseil national » (article 22 § 1).[358] Dans l'esprit de la première partie de ce paragraphe (*soit de sa propre initiative*), la Conférence Episcopale peut, à tout moment, modifier ou réviser les Statuts même sans consulter le Conseil National, l'organe suprême du CALCC (article 7 § 1).

Ce pouvoir accordé à la Conférence Episcopale constitue une preuve supplémentaire qu'effectivement le

---

[357] Le dernier cas mentionné dans ce canon devrait être exceptionnel lorsque les deux premiers schémas n'ont pas fonctionné correctement ou lorsque la Conférence Episcopale estime que l'élection ou la présentation peut être truquée ou injuste. C'est nous qui soulignons.
[358] C'est nous qui soulignons.

CALCC n'est pas totalement maître de ses propres normes. Ce qui devrait être fait pour respecter « l'autonomie » (article 1 § 1) et le caractère laïc du CALCC c'est ce qui est stipulé au canon 314 du Code de 1983 : « les statuts de toute association publique, ainsi que leur 'révision' ou leur 'changement', ont besoin de 'l'approbation' de l'autorité ecclésiastique à qui revient l'érection de l'association selon le [canon] 312, § 1. »[359] Ainsi, le CALCC devrait faire sa propre révision des Statuts et la soumettre à la Conférence Episcopale pour approbation comme la seule voie juridique de procéder en tant qu'association publique de fidèles.

Le CALCC et ses membres potentiels ont encore beaucoup à faire pour devenir plus visibles et plus dynamiques sur terrain. Ils ont à passer des souhaits exprimés par écrit par la Conférence Episcopale à l'effectivité de leur mission au sein de l'Eglise particulière de la RDC. L'autorité ecclésiastique compétente, le CALCC et tous les fidèles désireux d'être témoins de l'engagement ferme des laïcs dans l'Eglise et la société, n'ont aucune alternative sinon de réviser soigneusement les Statuts, conformément au Code de 1983 et aux nouvelles directives de la Conférence Episcopale. Les laïcs eux-mêmes devraient être pleinement impliqués dans cette entreprise.

C'est seulement de cette façon que le CALCC pourra s'acquitter de sa mission de « plate-forme » d'associations et de mouvements de laïcs. Il cessera alors d'être « un organe institutionnel » et deviendra réellement « une confédération » d'associations et de mouvements

---

[359] C'est nous qui soulignons.

de laïcs destinée à coopérer (c 129) activement à l'accomplissement de la mission confiée à la hiérarchie par le Seigneur et poursuivre, au nom de l'Eglise, les buts qu'elle se propose elle-même d'atteindre (c 313).

GLOSSAIRE

Cette section est consacrée à la définition de certains concepts de base utilisés dans ce travail. Une attention particulière est accordée à leur sens juridico-théologique.

Un glossaire est utile parce que, selon l'époque et le contexte, les mots n'ont pas toujours le même sens. En effet, comme le dit le Pape Jean-Paul II, « préciser et purifier le langage devient une urgence pastorale parce que, derrière les mots peuvent se nicher des pièges beaucoup plus dangereux que ce que l'on ne pourrait penser. Du langage courant à la conceptualisation, il n'y a qu'un pas. »[360]

Tous les termes utilisés dans ce travail de recherche n'ont pas la même importance. Certains sont plus essentiels que d'autres, tels que les concepts : laïc, chrétien, fidèle, association.

Les mots et les groupes de mots sont ici présentés par ordre alphabétique comme échantillons des termes techniques les plus fréquemment utilisés dans l'ensemble du texte ci-dessus.

Approbation

---

[360] JEAN-PAUL II, discours prononcé le 23.04.1994, in *L'Osservatore Romano* 24.05.1994, 2. Cité par A. FAIVRE, *Les premiers Laïcs*, 19.

Le terme « approbation » vient du verbe « approuver ». Il signifie l'acte par lequel une autorité ecclésiastique compétente reconnait quelque chose et l'accepte tel quel. Le mot est ici utilisé pour l'approbation des associations de fidèles par l'autorité ecclésiastique compétente.

Le sens est celui mentionné au canon 314 du Code de 1983. La définition donnée par le Père Hildebrand De Roeck, prêtre franciscain, semble répondre exactement au sens du terme « approbation » dans le présent travail : «Reconnaissance d'une affaire juridique ou de la légitimité d'un statu quo par l'autorité compétente, selon le jugement libre ou juridiquement réglementé de celle-ci. L'approbation d'une affaire juridique crée un droit, quand l'acte juridique est d'abord validement accompli (éventuellement *l'érection ou la fondation d'une association*) ; elle est confirmative, quand une situation juridique doit d'abord être reconnue légitime pour être pleinement effective juridiquement ».[361]

Association

Le terme « association » est un des mots-clés qu'on retrouve ce travail. Il signifie, dans tout le texte, « association de fidèles », « association de laïcs » ou encore « association de fidèles laïcs », sauf indication expresse contraire. Toutes les autres formes

---

[361] H. DE ROECK, *Petit lexique de Droit Canonique*, Lubumbashi, Éditions Saint-Paul Afrique, 1985, 11. C'est nous qui soulignons.

de « regroupement » sont associées au terme « association(s) » ou « association(s) de laïcs ».

Le mot se réfère uniquement à une association de fidèles. Techniquement, il s'agit d'une union stable d'au moins trois personnes (canon 115 § 2) unies autour des buts spécifiques visant le bien commun de ses membres ou d'autres personnes. Dans le langage de l'Eglise, une association est un groupe de fidèles, clercs ou laïcs, ou clercs et laïcs, qui s'efforcent ensemble d'atteindre des fins spirituelles dans l'Eglise.[362]

Dans les documents officiels, les termes suivants sont parfois utilisés, pris comme synonymes du terme association : mouvement ou nouveaux mouvements ecclésiaux, fédération ou confédération, union, communauté, fraternité, organisation.

Autorité (compétente)

Le mot « autorité » est souvent lié à l'adjectif « compétente ». Cela signifie que ceux qui exercent le pouvoir légal ou juridique sont capables de poser un acte juridique dans l'Eglise. Ils sont capables de reconnaître, d'approuver, de louer, de recommander ou de supprimer une association de fidèles.

Selon le canon 312, seule « l'autorité compétente »[363] peut légalement ériger une association de

---

[362] Voir L. MEDROSO, *Associations of the Laity*. Voir aussi K.E. McKENNA, *A Concise Guide to Your Rights*, 121. McKenna définit l'association comme étant "a group of the Christian faithful organized for spiritual, charitable, or apostolic works."
[363] CCCB, *Recognition,* 26. Les Evêques Canadiens rappellent que "it is not to be forgotten that the bishops of an ecclesiastical province

fidèles. « Le terme 'autorité compétente' se réfère au territoire de juridiction ecclésiastique et au territoire où une association doit mener ses activités. »[364]

En ce qui concerne les associations de fidèles, l'autorité compétente a nécessairement le pouvoir de gouvernance et de juridiction. Seuls les fidèles qui ont reçu les ordres sacrés sont reconnus comme « autorités compétentes » conformément aux canons 129 § 1 et 274. Pour les associations de fidèles c'est le Saint-Siège, la Conférence Episcopale et l'Évêque diocésain.

Décret

Catholic Encyclopedia définit « le décret » comme étant « un terme générique pour une déclaration officielle annonçant la décision d'une autorité, la clarification d'une question ou le jugement d'une cour. Des exemples de l'usage ecclésiastique du terme seraient un décret de nullité, un décret d'excommunication, un décret relatif à l'utilisation du 'mustum' (jus de raisin frais) à la place du vin à la messe, etc. »[365] Par contre, l'Abbé Jean Werckmeister, Professeur de Droit Canon à l'Université de Strasbourg, définit le décret comme étant « une disposition législative, administrative ou judiciaire qui applique ou urge la loi : décret conciliaire, décret

---

or of an episcopal region are not considered the competent authority for establishing an association of the faithful. However, nothing prevents a group of bishops from issuing a common statement praising or recommending an association. This act does not confer juridical status on the association."

[364] CCCB, *Recognition*, 25. C'est l'auteur qui souligne.
[365] P.M.J. STRAVINSKAS, *Our Sunday Visitor's Catholic Encyclopedia*, 379. C'est l'auteur qui souligne.

épiscopal, décret d'une congrégation de la curie romaine, etc. »³⁶⁶

Le sens utilisé tout au long de ce travail est celui du décret émis par une autorité ecclésiastique compétente pour ériger canoniquement une association de fidèles.

Erection

Le Code de 1983 emploie le verbe « ériger » dans le cadre de la création d'une association de fidèles (cc 312, 314, 319 § 1, 320) pour lui donner un statut juridique.

Fidèles /Fidèles chrétiens /Fidèles du Christ

La définition de l'expression « fidèles du Christ » est à trouver au canon 204 § 1³⁶⁷: « Les fidèles du Christ sont ceux qui, en tant qu'incorporés au Christ par le baptême, sont constitués en peuple de Dieu et qui, pour cette raison, faits participants à leur manière à la fonction sacerdotale, prophétique et royale du Christ, sont appelés à exercer, chacun selon sa condition propre, la mission que Dieu a confiée à l'Église pour qu'elle l'accomplisse dans le monde.»³⁶⁸

On peut considérer les termes « fidèles » ou « fidèles chrétiens » ou

---

[366] J. WERCKMEISTER, *Petit dictionnaire de droit canonique*, Paris, Les Editions du Cerf, 1993, 77.
[367] Voir *The Code of Canon Law*, New revised English Translation, Theological Publications in India, Bangalore, 2010.
[368] Voir le commentaire de P. VALDRINI, *Droit canonique*, 26. Il fait ressortir les deux conséquences du baptême : l'adhésion à l'Eglise Catholique et la participation à sa mission.

même « peuple de Dieu » comme des synonymes équivalents du mot latin *Christifideles*.[369]

Le Code de 1983 mentionne deux catégories de fidèles du Christ, au canon 207 § 1: « Par institution divine, il y a dans l'Église, parmi les fidèles, 'les ministres sacrés' qui en droit sont aussi appelés clercs, et les autres qui sont aussi appelés 'laïcs'. »[370]

Le même Code parle d'un autre groupe de fidèles du Christ, ceux qui sont membres des instituts de vie consacrée par la profession des vœux. Ils sont connus sous le nom de « religieux ». Ils ne constituent pas une autre catégorie de fidèles puisqu'ils sont soit ministres sacrés soit laïcs, comme il est indiqué au canon 207 § 2 : « Il existe des fidèles appartenant à l'une et l'autre catégorie qui sont consacrés à Dieu à leur manière particulière par la profession des conseils évangéliques au moyen de vœux ou d'autres liens sacrés reconnus et approuvés par l'Église et qui concourent à la mission salvatrice de l'Église […]. »

Hiérarchie

Le terme « hiérarchie » se réfère à l'autorité ecclésiastique compétente habilitée à prendre des

---

[369] Voir JEAN PAUL II, *Christifideles laici*, 19; voir également P. VALDRINI, *Droit canonique*, 27. Valdrini dit que le terme « chrétien » peut être appliqué à toute personne baptisée, y compris ceux qui appartiennent à une autre Eglise ou une communauté autre que catholique. Ceci est différent des termes « fidèle » ou *Christifidelis* qui s'appliquent uniquement à ceux qui sont baptisés dans l'Eglise Catholique. Voir aussi K.E. McKENNA, *A Concise Guide to Your Rights*, 121.
[370] C'est nous qui soulignons.

décisions concernant les associations de fidèles. Selon son étymologie grecque, le mot hiérarchie signifie « sainte règle ».

Catholic Encyclopedia définit ce mot comme étant le corps ordonné du clergé qui assiste spirituellement les fidèles, gouverne l'Église et guide la mission de l'Eglise dans le monde. La « hiérarchie de l'ordre » se compose du Pape, des évêques, des prêtres et des diacres. A travers le sacrement de l'ordre, leur but est d'accomplir le ministère sacramentel, prophétique et pastoral de l'Eglise. La « hiérarchie de compétence » se compose du Pape et des évêques, par l'institution divine de Notre Seigneur lui-même, pour le gouvernement pastoral des fidèles. Cette compétence peut être déléguée par mandat ecclésiastique.[371]

A partir de cette explication, on peut mieux comprendre l'origine, la nature et l'importance de la hiérarchie dans l'Eglise. Son rôle est de soutenir et de guider le peuple de Dieu dans sa mission de proclamer la Bonne Nouvelle au monde. C'est pourquoi, les fidèles[372] qui participent au pouvoir de la hiérarchie

---

[371] Voir P.J.M. STRAVINSKAS, *Catholic Encyclopedia*.
[372] Voir E.P. HAHNENBERG, *A Concise Guide*, 167. Parmi les fidèles, certains appartiennent à la hiérarchie. Hahnenberg soutient que la hiérarchie "includes all the clergy (bishops, priests, deacons), but usually refers to the bishops alone." Voir aussi *Compendium* 179, se référant au *Catéchisme de l'Eglise catholique*, 874-876 & 935. Pour plus d'informations, on peut lire P. LAKELAND, *Catholicism at the Crossroads*, 56-58. Lakeland écrit ce qui suit: " 'The hierarchy' is God-given, conservative voices will say. 'The hierarchy' is a human element in the [C]hurch and hence changeable, liberals might counter. The truth is that good order in the [C]hurch *is* God-given, but it is a structure of openness, accountability, and holiness patterned on the divine life, not the pyramid of power that

reçoivent les ordres sacrés. Ils se mettent au service des fidèles qui cherchent la sainteté. Ils exercent ce ministère au nom de Jésus Christ qui a confié son Église aux Apôtres et à leurs successeurs.

Lorsque l'on parle de la mission des associations de fidèles laïcs dans l'Eglise, on ne peut pas éviter de mentionner leurs liens avec la hiérarchie.

Laïcs

Bien que le présent travail recoure abondamment au mot « laïc(s) », le Code de 1983 ne le définit pas. Même si ce mot est complètement absent du Nouveau Testament,[373] il semble que Clément de Rome ait été la première personne à l'utiliser.[374] Il dit que « le laïc est lié par des préceptes laïcs ».[375] Ceci est le premier emploi

---

has bedeviled the [C]hurch since the Middle Ages." C'est l'auteur qui souligne.

[373] Voir, par exemple C.M. BELLITTO, *Ten Ways the Church Has Changed*, 28-29: "We can't find the word 'laity' in the Old Testament or the New Testament – at least a 'laity' as distinct from a 'clergy'. But we often find the important word *laos*, nation, Israel, and the new people of God. The word *laos* in the Bible denotes not only 'ministers', but those they served; no clear distinction was yet made, although the Hebrew people did have a priestly class with specific liturgical functions, especially in the Temple." C'est l'auteur qui souligne.

[374] La plupart des chercheurs datent la *Lettre de Clément aux Corinthiens* dans les années 96, c'est-à-dire directement après la destruction du Temple de Jérusalem, en 70 ap. JC. Pour d'autres points de vue possibles sur les origines du mot et de la réalité des *laïcs,* voir parmi tant d'autres chercheurs, I. DE LA POTTERIE, « L'origine et le sens primitif du mot 'laïc' », in *La vie selon l'Esprit* 55 (1965) 13-29 ; O. MONTEVECCHI, « Laos. Linee di una ricerca storico-linguistica », in *Papyrologica* 19 (1979) 51-67.

[375] A. FAIVRE, *Les Premiers Laïcs*, 37.

« religieux » du mot laïc, vers la fin du premier siècle de notre ère.[376] Beaucoup plus tard, au début du troisième siècle, l'apparition du mot *kléros* (clerc) indiquant un très petit groupe au sein de la communauté chrétienne, identifia les « laïcs chrétiens » comme un groupe distinct du premier.[377]

L'existence de deux catégories de fidèles s'installa progressivement à travers l'histoire de l'Eglise. Par la suite, le mot laïc/laïcat évolua du sens négatif vers un sens positif.

1. La définition négative du laïc/laïcat

Habituellement, les gens définissent les laïcs en les comparant aux autres membres de l'Église. A la question « Qui sont les laïcs? » ou « Quel est le sens de laïc? », la réponse est : « les laïcs ne sont pas prêtres », « ils ne peuvent pas dire la messe », « ils ne sont pas religieux ». Ainsi, les laïcs sont vus à partir de « ce qu'ils ne sont pas » ou de « ce qu'ils ne peuvent pas faire ». Les spécialistes qualifient cette description de « définition par ne ... pas ».

Le Concile Vatican II définit les laïcs de la même façon : « sous le nom de laïcs, on entend ici tous les fidèles, en dehors des membres de l'ordre sacré et de

---

[376] Voir A. FAIVRE, *Les Premiers Laïcs*, 48.
[377] Voir A. FAIVRE, *Les Premiers Laïcs*, 50-51.

l'état religieux reconnu dans l'Église ».[378] Cette définition négative des laïcs semble être la plus simple et la plus répandue. Signalons, en passant, que le Code de 1983 emploie rarement le mot *laicis*, préférant plutôt *Christifidelis(es)* (c'est-à-dire fidèle(s) du Christ) lorsqu'il n'a pas l'intention de faire la distinction entre « les laïcs » et « les clercs ».[379]

2. La définition positive des Laïcs

La définition positive des laïcs peut être tirée du canon 208 : « 'Entre tous les fidèles, du fait de leur régénération dans le Christ, il existe quant à la dignité et à l'activité, 'une véritable égalité' en vertu de laquelle 'tous coopèrent' à l'édification du Corps du Christ, 'selon la condition et la fonction propres de chacun' ».[380]

Si un lien doit être établi entre les canons 208 et 207 § 1, on peut dire que les laïcs sont des *Christifideles* qui coopèrent[381] à l'édification du Corps du Christ d'une façon qui correspond à leur situation et à

---

[378] *LG* 31. Voir le commentaire fait par M. SULLIVAN, *Responses to 101 questions*, 2004, 116-118 ; voir aussi *Catholic Encyclopedia*, au mot *Laity;* J. WERCKMEISTER, *Petit dictionnaire*, 127; et H. DE ROECK, *Petit lexique*, 58.
[379] Voir J. WERCKMEISTER, *Petit dictionnaire*, 127.
[380] C'est nous qui soulignons.
[381] Voir H.J. SÁNCHEZ ZARIÑANA, *L'être et la mission du laïc*, 177. Sánchez affirme que « la 'définition' donnée par le Concile prend en considération les réflexions des années précédentes sur l'identité du laïc et sur son rôle dans l'Eglise ».

leur position dans l'Eglise et dans la société. Le laïc, comme le religieux ou le clerc, est membre du peuple de Dieu, un membre baptisé, avec une dignité distincte et dont la fonction principale se trouve dans le monde plutôt qu'à l'intérieur de la structure de gouvernement de l'Eglise. Les laïcs peuvent avoir un rôle à jouer dans les deux sphères, mais leur tâche principale est la transformation du monde séculier.[382]

Dans la définition des laïcs, l'accent devrait être mis davantage sur leur vocation et leur mission dans l'Église plutôt que sur « ce qu'ils ne sont pas » ou « ce qu'ils ne peuvent pas faire ». Cette façon de considérer les laïcs est proche de la vision conciliaire réaffirmée dans le Code de 1983.

C'est pourquoi, à la question « Qui sont les laïcs? », on devrait répondre sans hésitation: « Ils sont l'Église ».[383] Ils sont de véritables membres de l'Église.

---

[382] Voir J.P. BEAL, *New Commentary*, 292. Voir aussi Y.M.J. CONGAR, *Laypeople in the Church,* London, Geoffrey Chapman, 1959, traduit par Donald Attwater. L'original est en français : *Jalons pour une théologie du laïcat*, Paris, Les Editions du Cerf, 1953 ; cité par P. LAKELAND, *Catholicism at the Crossroads*, 32. Lakeland n'indique pas les pages d'où il a pris les idées du Père Congar. Il les résume comme suit : "In [his] own times, he was probably thinking of laypeople conducting two sorts of ministry. One, solely authorized by their baptism, is the 'ministry of word and good example' that lay Catholics bring to the world in their everyday lives. The other, now no longer as significant in Catholic life as it was fifty years ago, was 'Catholic Action,' the name for apostolic associations of Catholics, working under ecclesiastical supervision, that had as their agenda to spread the gospel in the 'secular' world." Voir P. LAKELAND, *op. cit.,* 29 & 125.

[383] En 1946, Pie XII dit au Collège des Cardinaux que « les laïcs sont l'Eglise », in *La Documentation catholique* 43 (1946) 146 ; cité par M. SULLIVAN, *The Road to Vatican II*, 70.

En outre, ils sont appelés à participer à la mission d'évangélisation confiée à l'Eglise par Jésus Christ lui-même. C'est pourquoi « l'Eglise paraitrait ridicule sans eux ».[384]

En fait, ni le Concile, ni le Code de 1983 ne donnent aucune définition qui détermine avec précision ce que les laïcs sont. Ceux-ci sont considérés en relation avec le clergé et les membres des instituts de vie consacrée et des sociétés de vie apostolique. Cependant, un effort est fait pour essayer de comprendre ce qu'ils sont à travers leur rôle et leur mission dans l'Eglise et dans le monde. « Le problème avec tous ces efforts est que ce ne sont pas des définitions qui ont toujours un contenu positif. Ce sont des descriptions ».[385]

Personne

Dans le cadre de ce travail, le mot « personne » est pris dans son sens juridique. Sa définition est essentiellement basée sur ce que le Code de 1983 donne et sur ce que certains canonistes et théologiens disent à ce sujet.

La « personnalité » est très importante en Droit Canon. De plus, c'est un concept fondamental dans tout système juridique qui définit les personnes que la loi reconnaît, qui sont soumises à la loi et peuvent agir en vertu de cette loi. Elle est comparable à la citoyenneté

---

[384] Ces mots historiques sont du Cardinal Henry Newman répondant à un Evêque britannique qui lui avait cavalièrement demandé « Who are the laity ? » ; cité par C.M. BELLITTO, *Ten Ways the Church Has Changed*, 48-49.
[385] P. LAKELAND, *Catholicism at the Crossroads*, 27.

dans un état ou une nation. Canoniquement parlant, les personnes sont celles qui ont été baptisées et sont en pleine communion avec l'Eglise.[386]

Le Code de 1983 distingue trois catégories de personnes, à savoir les personnes physiques, les personnes juridiques et les personnes morales.

1. Personne physique (c 96)

Une personne physique est une personne qui est sujet de droits et de devoirs dans un système juridique.[387] Dans l'Église, on devient sujet de droits et d'obligations en recevant le sacrement de baptême tel que prévu au canon 96 : « Par le baptême, un être humain est incorporé à l'Église du Christ et y est constitué comme personne avec les obligations et les droits qui sont propres aux chrétiens, toutefois selon leur condition, pour autant qu'ils sont dans la communion de l'Église et pourvu qu'aucune sanction légitimement portée n'y fasse obstacle ».

Ainsi, un être humain acquiert la personnalité juridique par le sacrement du baptême, qui l'intègre dans l'Eglise.

2. Personne juridique (cc 113 § 2 ; 114 § 1 ; 115 § 1)

---

[386] Voir J.A. CORIDEN, *An Introduction to Canon Law*, 157.
[387] Voir J. WERCKMEISTER, *Petit dictionnaire*, 156.

Une personne juridique est « un ensemble de personnes » (*universitas personarum*) ou « un ensemble de choses » (*universitas rerum*) (c 115 § 1) qui a des droits et des obligations dans l'Eglise. Ainsi, les diocèses, les paroisses, les instituts de vie consacrée, les sociétés de vie apostolique et certaines associations et fondations sont des personnes juridiques (cc 113-123), semblables aux personnes physiques.[388] Ces personnes sont, de par leur nature, perpétuelles, mais elles peuvent être supprimées ou cesser d'exister selon le canon 120.

La personnalité juridique est acquise de la manière spécifiée par le canon 114 § 1 : « sont constituées en personnes juridiques par disposition du droit ou par concession spéciale de l'autorité compétente donnée par décret, des ensembles de personnes ou de choses ordonnés à une fin qui s'accorde avec la mission de l'Église […] ».

P. Valdrini résume la définition de « personne juridique » en ces termes : « Toutes ces personnes juridiques, quel que soit leur statut, ne reçoivent la personnalité de l'autorité compétente que pour des fins s'accordant à la mission de l'Eglise, réellement utiles, dépassant les intérêts des individus et pourvues de moyens suffisants ».[389] Une personne juridique peut être publique ou privée.

a) Personne juridique publique

---

[388] Voir P. VALDRINI, *Droit canonique*, 106.
[389] P. VALDRINI, *Droit canonique*, 106.

Cette disposition canonique est prévue au canon 116 § 1 : « les personnes juridiques publiques sont des ensembles de personnes ou de choses, constitués par l'autorité ecclésiastique compétente […] ». Une personne juridique publique reçoit cette personnalité soit par la loi soit par un décret spécial délivré par l'autorité compétente habilitée à accorder un tel statut juridique (c 116 § 1).

Les personnes juridiques publiques ont un statut plus officiel que les personnes juridiques privées. Elles sont censées exercer une fonction ou accomplir des œuvres de charité et de piété pour le bien commun de l'Eglise et au nom de l'Eglise.[390]

b) Personne juridique privée

Le canon 116 § 2 déclare que « les personnes juridiques privées ne reçoivent cette personnalité que par décret spécial de l'autorité compétente qui la concède expressément ». Ainsi, le même décret qui accorde la personnalité juridique privée détermine le statut juridique de la personne juridique bénéficiaire. Ce qui veut dire qu'en dehors du décret d'érection, personne ne peut

---

[390] Voir P. VALDRINI, *Droit canonique*, 159. La personne juridique est représentée par une personne physique, quelqu'un qui est autorisé à agir en son nom, par ex., l'Evêque d'un diocèse, le Curé d'une paroisse (cc 118, 393 & 532). Voir également D. LE TOURNEAU, *Le droit canonique*, 28-29 ; et J. WERCKMEISTER, *Petit dictionnaire*, 157. Werckmeister ajoute que le Code de 1917 nommait « personne morale » ce que le Code de 1983 nomme « personne juridique ». Selon certains commentateurs, « personne morale » et « personne juridique » sont synonymes. Les variations des termes trouvées dans le Code sont simplement dues à une mauvaise harmonisation entre le langage du Code et celui de la *Lex Ecclesiae Fundamentalis*.

déterminer la personnalité juridique d'une personne juridique.

3. Personne morale

Canoniquement parlant, il n'y a que l'Église Catholique et le Siège Apostolique qui sont considérés comme ayant le caractère de personne morale par disposition divine (c 113 § 1).[391] Toutes les autres personnes sont soit physiques soit juridiques, constituées selon le droit ecclésiastique. « Une telle distinction est surtout dictée par une conception de l'Église organisée à l'image des sociétés civiles et donc apte à créer ses propres personnes juridiques ».[392]

Reconnaissance

Il n'y a pas de définition précise du terme « reconnaissance » dans les documents officiels de l'Église. Mais les Pères Conciliaires ont utilisé le mot comme suit : « certaines formes de l'apostolat des laïcs sont 'reconnues' explicitement par la hiérarchie sous une forme ou sous une autre» (*AA* 24).[393]

Le Code de 1983 exprime cette idée au canon 299 § 3: « aucune association privée de fidèles n'est admise

---

[391] Voir J. WERCKMEISTER, *Petit dictionnaire*, 157. Werckmeister soutient que, de l'avis de la plupart des commentateurs, le fait de maintenir le statut de « personne morale » uniquement pour l'Église Catholique et le Siège Apostolique, signifie que ces deux institutions ont une personnalité « pré-juridique » ou « métajuridique » avant le droit canon.

[392] P. VALDRINI, *Droit canonique*, 105.

[393] C'est nous qui soulignons.

dans l'Église à moins que ses statuts ne soient 'reconnus'[394] par l'autorité compétente ». Ce canon n'explique pas le mot reconnaissance. Toutefois, il laisse le soin à l'autorité ecclésiastique compétente de donner l'autorisation d'exister dans l'Eglise à toute association de fidèles, quel que soit son statut canonique.

Cette disposition complète celle du canon 298 § 2 qui dit : « que les fidèles s'inscrivent de préférence aux associations érigées, louées ou recommandées par l'autorité ecclésiastique compétente ». Ceci est une sorte de reconnaissance à différents niveaux où l'on peut trouver ce que le Pape Jean Paul II appelle « critères d'ecclésialité ».[395] Le Pape considère ces critères d'ecclésialité comme des préalables essentiels à la reconnaissance de toute association de fidèles dans l'Eglise.[396]

---

[394] C'est nous qui soulignons.

[395] Voir JEAN PAUL II, *Christifideles laici*, 30 ; voir aussi CCCB, *Recognition*, 10. Les Evêques Canadiens expliquent: "It seems that 'official recognition' here does not necessarily entail a juridical act but rather is pastoral. 'Pastoral recognition' does not confer any ecclesiastical status on an association or movement. Responding to the duty of supervision by those responsible for the People of God is equivalent to a *nihil obstat* for an association of the faithful, understood in the broad sense of a movement or group." C'est l'auteur qui souligne.

[396] Voir JEAN PAUL II, *Christifideles laici*, 31. Voir également le commentaire du CCCB, *Recognition,* 11 : "According to law, juridical recognition can be granted, depending on the situation, only by the diocesan bishop, a conference of bishops or the Holy See. A regional episcopal assembly cannot grant juridical recognition, since in this regard it is not, according to law, a competent authority. On the other hand, pastoral recognition can be granted by a diocesan bishop as well as by a group of bishops (for example, a regional assembly) or an episcopal conference, since this recognition does not involve a juridical act."

La reconnaissance est un acte juridique que seule une association, au sens strict, peut recevoir. Par cette reconnaissance, l'association acquiert une personnalité juridique formelle.[397]

---

[397] Pour de plus amples informations, voir CCCB, *Recognition*, 10-11.

BIBLIOGRAHIE GENERALE

SOURCES

BENOIT XV, *Codex Iuris Canonici*, in *AAS* 09 II (1917) 11-456.

JEAN XXIII, *Pacem in Terris,* in *AAS* 55 (1963) 257-304.

JEAN PAUL II, Codex Iuris Canonici, in AAS 75/II (1983) 5-332.

JEAN PAUL II, Exhortation apostolique post-synodale sur la vocation et la mission des laïcs dans l'Eglise et dans le monde, *Christifideles laici*, in *AAS* 81 (1989) 393-521.

JEAN PAUL II, Codex Canonum Ecclesiarum Orientalium, in AAS 82 (1990) 1045-1363.

The Code of Canon Law, New revised English Translation, Bangalore, Theological Publications in India, 2010, xxvi - 508.

VATICAN II, Constitution dogmatique sur l'Eglise, *Lumen Gentium*, Rome, 1964. Accessible sur : http://www.vatican.va/archive/hist_councils/ii_vatican_council/documents/vat-ii_const_19641121_lumen-gentium_en.html.

VATICAN II, Constitution pastorale sur l'Eglise dans le monde de ce temps, *Gaudium et spes*, Rome, 1965. Accessible sur : http://www.vatican.va/archive/hist_councils/ii_vatican_council/documents/vat-ii_const_19651207_gaudium-et-spes_en.html.

VATICAN II, Décret sur l'apostolat des laïcs, *Apostolicam actuositatem*, Rome, 1965. Accessible sur :http://www.vatican.va/archive/hist_councils/ii_vatican_council/documents/vat-ii_decree_19651118_apostolicam-actuositatem_en.html.

OUVRAGES

BAKADISULA MADILA KATUMBA, C., *Le rôle socio-politique des laïcs chrétiens au Congo (R.D.C.). Pour un laïcat chrétien dynamique*, Toulouse, Editions Universitaires Européennes, 2011.

BEAL, J.P., et al (eds), *New Commentary on the Code of Canon Law*, Bangalore, Theological Publications in India, 2000.

BELLITTO, C.M., *Ten Ways the Church Has Changed: What history can teach us about uncertain times*, Boston, Pauline Books & Media, 2006.

CANADIAN CATHOLIC CONFERENCE OF BISHOPS, *Recognition of National Catholic Associations-Guidelines for the CCCB and Associations of the Faithful*, Ottawa, CCCB, 1993.

CENTRE DE PASTORALE DIOCESAIN LINDONGE, *La Cohérence chrétienne. Pour une identité chrétienne ouverte au dialogue. Orientations pastorales 2011-2012*, Kinshasa, Editions du Centre Pastoral, 2011.

COMBLIN, J., *People of God*, New York, Orbis Books, 2004.

CONFERENCE EPISCOPALE DU ZAIRE, *Statuts et règlement intérieur du Conseil de l'Apostolat des Laïcs Catholiques du Zaïre (CALCZ)*, Kinshasa, Editions du Secrétariat Général, 1991.

CONFERENCE EPISCOPALE NATIONALE DU CONGO, *Statuts du Conseil de l'Apostolat des laïcs catholiques du Congo (CALCC)*, Kinshasa, Editions du Secrétariat Général de la CENCO, 2006.

CORIDEN, J.A., et al (eds), *The Code of Canon Law: A Text and Commentary*, New York, Paulist Press, 1985.

CORIDEN, J.A., *Canon Law as Ministry: freedom and good order for the Church*, New York, Paulist Press, 2000.

CORIDEN, J.A., *An Introduction to Canon Law*, New York, Paulist Press, 2004.

CORIDEN, J.A., *The Rights of Catholics in the Church*, New York, Paulist Press, 2007.

DE SAINT MOULIN, L., *Œuvres complètes du Cardinal Malula*, vol. 6, *Textes concernant le laïcat et la société*, Kinshasa, Facultés Catholiques de Kinshasa, 1997.

DOLAN, M., *Partnership in Lay Spirituality. Religious and Laity Find New Ways*, Dublin, The Columba Press, 2007.

DOYLE, D.M., *The Church Emerging from Vatican II. A popular approach to contemporary Catholicism*, New London, Twenty Third Publications, 2006.

ECHEVERRIA, L., et al, *Code de droit canonique annoté*, Traduction et adaptation françaises des commentaires de l'Université pontificale de Salamanque, Paris, Les Editions du Cerf, 1989.

FAIVRE, A., *Les premiers Laïcs. Lorsque l'Eglise naissait au monde*, Strasbourg, Edition du Signe, 1999.

GAUDEMET, J., *Le droit canonique*, Paris, Cerf, 1989.

GEROSA, L., *Canon Law*, London, Religion, 2002.

HAGSTROM, A., *The Emerging Laity. Vocation, Mission, and Spirituality,* New York, Paulist Press, 2010.

HAHNENBERG, E.P., *A Concise Guide to the Documents of Vatican II*, Cincinnati, St Anthony Messenger Press, 2007.

HANNA, T., *With Respect. Authority in the Catholic Church,* Blackrock, The Columba Press, 2008.

LAKELAND, P., *The Liberation of the Laity: In Search of an Accountable Church,* New York, Continuum, 2004.

LAKELAND, P., *Catholicism at the Crossroads. How Laity Can Save the Church*, New York, Continuum, 2007.

LATOURELLE, R., (ed.), *Vatican II: Assessments and Perspectives*, 3 vol., New York, Paulist, 1989.

Le TOURNEAU, D., *Le droit canonique*, Paris, Presses Universitaires de France, 2002.

MAIDA, A. & CAFARDI, N., *Church Property, Church Finances, and Church-Related Corporations: A Canon Law Handbook*, St Louis, The Catholic Health Association of the United States, 1984.

MATENKADI FINIFINI, A., *Code de Droit canonique. Présentation générale et actualité,* Kinshasa, Médiaspaul, 2002.

McKENNA, K.E., *A Concise Guide to Canon Law. A Practical Handbook for Pastoral Ministers*, Notre Dame, Ave Maria Press, 2000.

McKENNA, K.E., *A Concise Guide to your Rights in the Catholic Church*, Notre Dame, Ave Maria Press, 2006.

MIRAS, J, *Christ's Faithful in the World: The Secular Character of the Laity,* Gratianus Series, Montréal, Wilson & Lafleur, 2008.

POWER, D.N., *Mission, Ministry, Order. Reading the Tradition in the Present Context*, New York, Continuum, 2008.

SÁNCHEZ ZARIÑANA, H.J., *L'être et la mission du laïc dans une église pluri-ministérielle. D'une théologie du laïcat à une ecclésiologie de solidarité (1953-2003),* Paris, L'Harmattan, 2008.

SULLIVAN, M., *The Road to Vatican II. Key Changes in Theology*, New York, Paulist Press, 2007.

VALDRINI, P., et al (eds), Droit canonique, Paris, Dalloz, 1999.

VERE, P. & TRUEMAN, M., *Surprised by Canon Law. 150 Questions Catholics Ask about Canon Law*, vol. 1, Cincinnati, St Anthony Messenger Press, 2006.

WOYWOD, S., *The New Canon Law: A Commentary and Summary of the New Code of Canon Law*, New York, Joseph Wagner, 1918.

ARTICLES

CASEY, M., "Associations of Christ's Faithful: Possibilities for the Future," in *Studia canonica* 41 (2007) 65-90.

JACQUES, R., « Les droits et devoirs des fidèles: aperçus historiques », in *Studia canonica* 38 (2004) 439-460.

MESSNER, Fr., « Le droit associatif dans l'Eglise catholique et dans la société française », in *Praxis juridique et religion* 1 (1984) 111-132.

NCCB. "Economic Justice for All: Catholic Social Teaching and the U.S. Economy," in *Origins* 27 (1986) 409-455.

OLIVER, R.W., "Canonical Requisites for Establishing Associations of the Faithful," in *The Jurist* 61 (2001) 213-238.

---------, "Associations of the Faithful in the Antepreparatory and Preparatory Phases of Vatican II," in *The Jurist* 70 (2010) 86-113.

---------, "Associations of the Faithful during the Conciliar Phase of Vatican II," in *The Jurist* 70 (2010) 434-454.

PAGÉ, R., « Les associations de fidèles : reconnaissance et érection », in *Studia Canonica* 19 (1985) 327-338.

---------, "Associations of Christ's Faithful. Selected Issues," in *The Jurist* 62 (2002) 294-311.

DICTIONNAIRES

DE ROECK, H., *Petit lexique de Droit Canonique*, Lubumbashi, Editions Saint-Paul Afrique, 1985.

STRAVINSKAS, P.M.J., *Our Sunday Visitor's Catholic Encyclopedia*, Revised edition, on CD-ROM, Harmony Media, USA, 2002.

WERCKMEISTER, J., *Petit dictionnaire de droit canonique*, Paris, Les Editions du Cerf, 1993.

WEBOGRAPHIE

www.vatican.net

www.vatican.va

MEDROSO, L., *Associations of the Laity*, Tagbilaran City, 2005. Accessible sur : http://medroso.blogspot.com/2005/12/associations-of-laity.html. Consulté le 19.06.2011.

POUR APPROFONDIR LE SUJET
OUVRAGES

AUMANN, J., *On the Front Lines: The Lay Person in the Church after Vatican II*, New York, Alba House, 1990.

BEYER, J., *Renouveau du droit et du laïcat dans l'Eglise*, Paris, Tardy, 1993.

CARROUGES, M., *Le Laïcat : mythe et réalité. Le peuple a-t-il sa place dans l'église ?*, Paris, Le Centurion, 1964.

CHANTRAINE, G., *Les laïcs, chrétiens dans le monde*, Paris, Fayard, 1987.

CONGAR, Y., *Jalons pour une théologie du laïcat*, Paris, Les Editions du Cerf, 1953.

CONGAR, Y., *Laypeople in the Church*, London, Geoffrey Chapman, 1959.

CONGAR, Y., *Laity, Church, and World*, Baltimore, Helicon Press, 1960.

CONGAR, Y., *L'apostolat des laïcs: Décret Apostolicam actuositatem*, Paris, Les Editions du Cerf, 1970.

COUGHLAN, P., *The Hour of the Laity: Their Expanding Role*, Newtown, E.J. Dwyer, 1989.

Del PORTILLO, A., *Fidèles et laïcs dans l'Eglise. Fondements de leurs statuts juridiques respectifs*, Paris, S.O.S., 1980.

FAIVRE, A., *The Emergence of the Laity in the Early Church*, New York, Paulist Press, 1990.

GRANDJEAN, M., *Laïcs dans l'Eglise. Regards de Pierre Damien, Anselme de Cantorbéry, Yves de Chartres,* Paris, Beauchesne, 1994.

GROOTAERS, J., *Le chantier reste ouvert. Les laïcs dans l'église et dans le monde,* Paris, Le Centurion, 1988.

HAAG, H., *Upstairs Downstairs: Did Jesus Want a Two-Class Church?*, New York, Crossroad Press, 1997.

HAGSTROM, A., *The Concepts of the Vocation and Mission of the Laity*, San Francisco, Catholic Scholars Press, 1994.

HANNA, T., *New Ecclesial Movements*, New York, Alba House, 2006.

HOEBEL, Th., *Laity and Participation: A Theology of Being the Church,* Oxford, Peter Lang, 2006.

HUELS, J.M., *The Faithful of Christ. The New Canon Law for the Laity,* Chicago, Franciscan Herald Press, 1983.

JACOBS, A., *Les associations de fidèles dans l'Eglise*, Ottawa, Université Saint-Paul, 1988.

MARTÍNEZ SISTACH, L., *Associations of Christ's Faithful,* Gratianus Series, Montréal, Wilson & Lafleur, 2008.

NAVARRO, L., *Diritto di associazione e associacioni di fedeli*, Milano, Giuffré, 1991.

PARENT, R., *A Church of the Baptized: Overcoming the Tension Between the Clergy and the Laity*, New York, Paulist Press, 1989.

PETIT, J.C. & BRETON, J.C. (eds), *Le laïcat : les limites d'un système*, Québec, Fidès, 1987.

PONTIFICIUM CONSILIUM PRO LAICIS, *Movements in the Church. Proceedings of the World Congress of the Ecclesial Movements,* Laity Today, Rome, Vatican Press, 1999.

POTIN, J., (ed), *Les Laïcs dans l'Eglise et dans le monde. Vingt ans après Vatican II*, Paris, Le Centurion, 1987.

RÉGNIER, G., *L'apostolat des laïcs dans l'Eglise*, Paris, Desclée, 1985.

SHAW, R., *Catholic Laity in the Mission of the Church*, Bethune, Requiem Press, 2005.

SESBOÜÉ, B., *Rome et les laïcs, Une nouvelle pièce au débat : l'Instruction romaine du 15 août 1997,* Paris, Desclée de Brouwer, 1998.

THILS, G., *Les laïcs dans le nouveau Code de droit canonique et au IIe Concile du Vatican*, Louvain-la-Neuve, Faculté de théologie, 1983.

WEIDERT, A., *Des laïcs autrement. L'enchantement de la foi*, Paris, Cerf, 1986.

ARTICLES

AMOS, J.R., "A Legal History of Associations of the Faithful," in *Studia Canonica* 21 (1987) 271-297.

De La POTTERIE, I., « L'origine et le sens primitif du mot 'laïc' », in *Nouvelle Revue Théologique* 80 (1959) 840-853.

ECHAPPÉ, O., « La fonction régulatrice du statut des personnes juridiques dans l'Eglise : origine de ce statut et droit positif », in *L'Année canonique* 36 (1994) 34-48.

FAIVRE, A., « Vous avez dit laïc ? », in *Notre Histoire* 9 (1985) 17-21.

GAUDEMET, J., « Les laïcs dans les premiers siècles de l'Eglise », in *Communio* 12,1 (1987) 63-75.

IMBERT, J., « Les Laïcs après le Concile de Trente », in *L'Année Canonique* 29 (1985-1986) 71-82.

JOURJON, M., « Les premiers emplois du mot laïc dans la littérature patristique », in *Lumière et Vie* 65 (1963) 37-42.

MORRISEY, F.G., « Statuts juridiques des personnes dans le Code et communication du magistère », in *L'Année Canonique* 31 (1988) 131-145.

PAGÉ, R., "Associations of the Faithful in the Church," in *The Jurist* 47 (1987) 165-203.

PAGÉ, R., « Notes sur les 'critères d'ecclésialité pour les associations de laïcs' », in *Studia Canonica* 24 (1990) 460-462.

SHAW, R., "What Should the Laity Be Doing?" in *Crisis* 23 (2005) 23-25.

SCHLICK J., « Association civile et association d'Eglise : problèmes de double appartenance », in *Praxis juridique et religion* 2 (1985) 248-265.

WALFF, K., « Le laïc vu par le nouveau droit canonique », in *Revue de Droit Canonique* 37 (1987) 18-31.

www.ingramcontent.com/pod-product-compliance
Lightning Source LLC
Chambersburg PA
CBHW071152160426
43196CB00011B/2061